O PULSAR DA ESCOLA PÚBLICA
TRAJETÓRIAS E PERCURSOS DE DOCENTES E GESTORES

Editora Appris Ltda.
1.ª Edição - Copyright© 2025 dos autores
Direitos de Edição Reservados à Editora Appris Ltda.

Nenhuma parte desta obra poderá ser utilizada indevidamente, sem estar de acordo com a Lei nº 9.610/98. Se incorreções forem encontradas, serão de exclusiva responsabilidade de seus organizadores. Foi realizado o Depósito Legal na Fundação Biblioteca Nacional, de acordo com as Leis nos 10.994, de 14/12/2004, e 12.192, de 14/01/2010.

Catalogação na Fonte
Elaborado por: Josefina A. S. Guedes
Bibliotecária CRB 9/870

V126f 2025	O pulsar da escola pública: trajetórias e percursos de docentes e gestores / Yoshie Ussami Ferrari Leite, Joane Vilela Pinto, Augusta Boa Sorte Oliveira Klébis, Marta Campos de Quadros (orgs.). – 1. ed. – Curitiba: Appris, 2025. 181 p. ; 23 cm. – (Geral). Inclui bibliografias. ISBN 978-65-250-7550-1 1. Escolas públicas. 2. Escolas – Administração e organização. 3. Professores. I. Leite, Yoshie Ussami Ferrari II. Pinto, Joane Vilela III. Klébis, Augusta Boa Sorte Oliveira. IV. Quadros, Marta Campos de Título. CDD – 792.8

Livro de acordo com a normalização técnica da ABNT

Appris editorial

Editora e Livraria Appris Ltda.
Av. Manoel Ribas, 2265 – Mercês
Curitiba/PR – CEP: 80810-002
Tel. (41) 3156 - 4731
www.editoraappris.com.br

Printed in Brazil
Impresso no Brasil

Yoshie Ussami Ferrari Leite
Joane Vilela Pinto
Augusta Boa Sorte Oliveira Klébis
Marta Campos de Quadros
(org.)

O PULSAR DA ESCOLA PÚBLICA
TRAJETÓRIAS E PERCURSOS DE DOCENTES E GESTORES

Appris editora

Curitiba, PR
2025

FICHA TÉCNICA

EDITORIAL	Augusto Coelho
	Sara C. de Andrade Coelho
COMITÊ EDITORIAL E CONSULTORIAS	Ana El Achkar (Universo/RJ)
	Andréa Barbosa Gouveia (UFPR)
	Antonio Evangelista de Souza Netto (PUC-SP)
	Belinda Cunha (UFPB)
	Délton Winter de Carvalho (FMP)
	Edson da Silva (UFVJM)
	Eliete Correia dos Santos (UEPB)
	Erineu Foerste (Ufes)
	Fabiano Santos (UERJ-IESP)
	Francinete Fernandes de Sousa (UEPB)
	Francisco Carlos Duarte (PUCPR)
	Francisco de Assis (Fiam-Faam-SP-Brasil)
	Gláucia Figueiredo (UNIPAMPA/ UDELAR)
	Jacques de Lima Ferreira (UNOESC)
	Jean Carlos Gonçalves (UFPR)
	José Wálter Nunes (UnB)
	Junia de Vilhena (PUC-RIO)
	Lucas Mesquita (UNILA)
	Márcia Gonçalves (Unitau)
	Maria Margarida de Andrade (Umack)
	Marilda A. Behrens (PUCPR)
	Marília Andrade Torales Campos (UFPR)
	Marli C. de Andrade
	Patrícia L. Torres (PUCPR)
	Paula Costa Mosca Macedo (UNIFESP)
	Ramon Blanco (UNILA)
	Roberta Ecleide Kelly (NEPE)
	Roque Ismael da Costa Güllich (UFFS)
	Sergio Gomes (UFRJ)
	Tiago Gagliano Pinto Alberto (PUCPR)
	Toni Reis (UP)
	Valdomiro de Oliveira (UFPR)
SUPERVISORA EDITORIAL	Renata C. Lopes
PRODUÇÃO EDITORIAL	Adrielli de Almeida
REVISÃO	José Bernardo
DIAGRAMAÇÃO	Amélia Lopes
CAPA	Lívia Costa
REVISÃO DE PROVA	William Rodrigues

O presente livro foi realizado com apoio da Coordenação de Aperfeiçoamento de Pessoal de Nível Superior – Brasil (Capes) – Código de Financiamento 001. Modalidade: Programa Proap da Capes (N.º do Auxílio: 0283/2021| N.º do Processo: 88881.638992/2021-01).

Aos professores das escolas públicas, pela incansável dedicação em transformar vidas e por fazer da educação um ato de resistência, inspiração e esperança.

Aos gestores, pela liderança comprometida com a construção de uma escola pública mais inclusiva e plural, enfrentando os desafios diários com coragem e determinação.

Aos alunos, razão maior de nosso trabalho, que, com suas curiosidades, energias e sonhos, nos impulsionam a acreditar em um futuro mais justo e cheio de possibilidades.

SUMÁRIO

INTRODUÇÃO 11

CAPÍTULO 1
A GESTÃO ESCOLAR NO CONTEXTO PANDÊMICO: INSEGURANÇAS, VULNERABILIDADES E PROCESSOS DECISÓRIOS 15
Joane Vilela Pinto, Yoshie Ussami Ferrari Leite, Leny Rodrigues Martins Teixeira, Tamara de Lima, Augusta Boa Sorte Oliveira Klébis, Simone Conceição Pereira Deák

CAPÍTULO 2
TEMPOS PANDÊMICOS SOB O OLHAR DE DOCENTES E GESTORES: DIFICULDADES E DESAFIOS 41
Augusta Boa Sorte Oliveira Klébis, Yoshie Ussami Ferrari Leite, Simone Conceição Pereira Deák, Mauricio Cesar Airolde, Tamara de Lima, Joane Vilela Pinto, Leny Rodrigues Martins Teixeira

CAPÍTULO 3
PROFESSORES QUE NOS ATRAVESSAM: TRAJETÓRIA DE VIDA-FORMAÇÃO DE UMA PROFESSORA DE HISTÓRIA 63
Tamara de Lima, Amarilis Costa da Silva, Yoshie Ussami Ferrari Leite

CAPÍTULO 4
SABERES PROFISSIONAIS DE PROFESSORES: FORMAÇÃO DOCENTE QUE ATRAVESSA E É ATRAVESSADA PELA EXPERIÊNCIA E MEMÓRIA. 83
Marta Campos de Quadros, Yoshie Ussami Ferrari Leite

CAPÍTULO 5
GESTÃO EDUCACIONAL MUNICIPAL: O QUE REVELAM AS PESQUISAS? 119
Joane Vilela Pinto, Yoshie Ussami Ferrari Leite

CAPÍTULO 6
PERFIL E PAPEL DO DIRETOR NA ESCOLA PÚBLICA: O QUE DIZEM AS PESQUISAS ACADÊMICAS 151
Márcia Regina Borges, Yoshie Ussami Ferrari Leite

SOBRE OS AUTORES 177

INTRODUÇÃO

Este livro, intitulado *O pulsar da escola pública: trajetórias e percursos de docentes e gestores*, oferece uma visão instigante sobre a escola pública como um espaço plural e inclusivo, onde ocorre a interação entre gestores, professores, alunos, outros profissionais da educação e a comunidade em geral. Organizada em seis capítulos, esta obra examina tanto desafios quanto oportunidades no contexto educativo, trazendo à tona as diversas vozes que compõem o cotidiano escolar. Destaca-se como uma contribuição relevante para o debate educacional, iluminando as complexas relações e dinâmicas presentes na realidade da escola pública.

O primeiro capítulo, "A gestão escolar no contexto pandêmico: inseguranças, vulnerabilidades e processos decisórios", produzido pelas autoras: Joane Vilela Pinto, Yoshie Ussami Ferrari Leite, Leny Rodrigues Martins Teixeira, Tamara de Lima, Augusta Boa Sorte Oliveira Klébis e Simone Conceição Pereira Deák, apresenta os resultados de uma pesquisa cujo objetivo foi investigar e compreender os desafios enfrentados por diretores e coordenadores pedagógicos do sistema municipal de Presidente Prudente/SP, durante a pandemia da Covid-19. Ao oferecer uma visão abrangente dos desafios e das estratégias adotadas, esse capítulo contribui para a compreensão das principais dificuldades enfrentadas pelos gestores durante a pandemia, evidenciando impactos na saúde tanto física quanto mental. Mostra também que as atividades desempenhadas sofreram alterações significativas, exigindo a adoção de novas e diversas estratégias de comunicação com as famílias, bem como de enfrentamento à vulnerabilidade socioeconômica dos estudantes.

O segundo capítulo, com o título "Tempos pandêmicos sob o olhar de docentes e gestores: dificuldades e desafios", produzido pelos autores Augusta Boa Sorte Oliveira Klébis, Yoshie Ussami Ferrari Leite, Simone Conceição Pereira Deák, Mauricio Cesar Airolde, Tamara de Lima, Joane Vilela Pinto e Leny Rodrigues Martins Teixeira, apresenta os resultados de uma pesquisa que teve como objetivo realizar um estudo comparativo entre professores e gestores que atuam na educação básica sobre dificuldades e desafios na travessia da pandemia. Para tanto, foi realizado um questionário on-line, que possibilitou a coleta dos dados necessários à realização da pesquisa. A análise demonstrou a importância de dar visibilidade aos problemas e dificuldades vivenciados e que precisam ser considerados pelas políticas públicas para que tenhamos uma escola pública com maior equidade social.

O terceiro capítulo, intitulado "Professores que nos atravessam: trajetória de vida-formação de uma professora de história", foi redigido pelas pesquisadoras Tamara de Lima, Amarilis Costa da Silva e Yoshie Ussami Ferrari Leite, que explicam que os professores, com os quais convivemos ao longo dos anos, influenciam a nossa maneira de ser e estar na profissão, uma vez que vida e trabalho estão necessariamente imbricados, sendo impossível a separação das dimensões pessoais e profissionais. Dessa forma, esse capítulo verifica as experiências significativas vivenciadas com professores que passam pela trajetória de vida-formação, como elas constituem o professor-pessoa, quais as marcas deixadas pelos professores com os quais estudaram e como tais situações contribuem para o ser e estar na profissão docente. A partir dessa problemática, as autoras buscaram, na narrativa de uma professora que atua na rede estadual paulista há mais de dez anos, alguns elementos reveladores do complexo emaranhado que envolve o ser, o formar-se e o tornar-se professor. Ancorado na abordagem da pesquisa (auto)biográfica, o estudo utilizou como dispositivo de pesquisa a entrevista narrativa. As experiências vivenciadas pela professora participante revelam como as professoras e professores que nos atravessam marcam, de diferentes formas, a nossa trajetória de vida-formação contribuindo para o fazer-se docente.

Redigido por Marta Campos de Quadros e Yoshie Ussami Ferrari Leite, o quarto capítulo, com o título "Saberes profissionais de professores: formação docente que atravessa e é atravessada pela experiência e memória", é um recorte da pesquisa desenvolvida por meio do PNPD/Capes, junto à Unesp Presidente Prudente, cujo objetivo foi compreender o papel atribuído pelos professores narradores do ensino fundamental sobre seus saberes profissionais construídos a partir da formação escolarizada para ser professor e a relação que estabelecem com o saber da experiência, implicado na produção de seus saberes profissionais docentes a partir da convivência cotidiana com "seus professores". Inscrito no campo da pesquisa narrativa e utilizando as histórias de vida de professores como dispositivo de produção de dados e a análise compreensiva como dispositivo interpretativo, as autoras inferem que na dimensão pessoal, o professor aparece como uma espécie de "catalizador" das experiências sofridas nos diferentes espaços-tempos da educação escolarizada e nos diversos trânsitos. Além disso, o processo de formação profissional do professor se dá simultaneamente nas dimensões individual e coletiva, conjugando experiências e memórias que constituem a sua identidade profissional e o fundamento das suas práticas docentes.

O quinto capítulo traz o título "Gestão educacional municipal: o que revelam as pesquisas?". Redigido por Joane Vilela Pinto e Yoshie Ussami Ferrari Leite, apresenta uma revisão de literatura sobre gestão educacional. Por meio de uma abordagem qualitativa, as autoras buscaram identificar e analisar questões relacionadas ao tema, com o objetivo de conhecer práticas de gestão e compreender fatores que influenciam a educação, bem como desafios e impactos das políticas educacionais nos sistemas de ensino. No processo de análise foram identificadas recorrências de situações relacionadas às interferências de organismos multilaterais, bem como a presença de instituições ligadas a grandes conglomerados. Além disso, foram observados alertas de pesquisadores sobre os riscos oferecidos pelo crescente capitalismo e as estratégias utilizadas para sua perpetuação no contexto brasileiro. Outro ponto relevante levantado foi a persistência da visão gerencial em práticas de gestores, juntamente com a presença de patrimonialismo e a ausência de oportunidades de participação dos professores na definição das políticas implementadas nas gestões municipais.

Por fim, o último capítulo, redigido por Márcia Borges e Yoshie Ussami Ferrari Leite, apresenta o título "Perfil e papel do diretor na escola pública: o que dizem as pesquisas acadêmicas?". Trata-se de um texto que apresenta os resultados de um levantamento bibliográfico acerca de pesquisas sobre o diretor de escola pública no período de 2001 a 2020. A questão norteadora procurou responder o que as pesquisas revelam sobre o perfil e o papel do diretor escolar nesse período, com foco em suas atribuições na escola. A proposta do levantamento surgiu da necessidade de conhecer as pesquisas recentes sobre o diretor escolar na escola pública, a fim de embasar uma pesquisa de mestrado. O desafio na produção desse texto foi selecionar pesquisas que se dedicassem ao perfil e ao papel do diretor de escola pública.

Em conjunto, os diferentes artigos que compõem o livro revelam e demonstram o pulsar da escola pública, por meio de experiências únicas, singulares e coletivas. Denotam sentidos que afetam e são afetados, resistências diversas que atravessam e são atravessadas pelas memórias. Enfim, demonstram possibilidades de (re)existência para futuros promissores possíveis.

As organizadoras

CAPÍTULO 1

A GESTÃO ESCOLAR NO CONTEXTO PANDÊMICO: INSEGURANÇAS, VULNERABILIDADES E PROCESSOS DECISÓRIOS [1]

Joane Vilela Pinto
Yoshie Ussami Ferrari Leite
Leny Rodrigues Martins Teixeira
Tamara de Lima
Augusta Boa Sorte Oliveira Klébis
Simone Conceição Pereira Deák

Introdução

A pandemia da Covid-19 se configurou como um evento de extrema magnitude e profundidade, que desencadeou transformações significativas em diversos âmbitos da sociedade. Sua ocorrência impulsionou a humanidade a enfrentar desafios sem precedentes, exigindo respostas rápidas e efetivas para mitigar os impactos e garantir a continuidade das atividades essenciais. Breton (2023) afirma que a pandemia desencadeou um processo saturado de informações, distribuídas entre a linguagem técnica de especialistas em saúde pública, comentários de jornalistas, divulgação sobre a necessidade de restrição de circulação das pessoas, além de informações sobre hospitalizações e mortes. Esse cenário implicou medidas que impactaram movimentos e transformaram estilos de vida, em um contexto que envolveu uma atmosfera ameaçadora e incerta.

No contexto educacional, a disseminação do vírus impôs às instituições de ensino uma adaptação rápida e diversificada, visando assegurar o processo de ensino e aprendizagem em meio às restrições impostas pelo

---

[1] Texto originalmente publicado em forma de artigo na *Revista Ibero-Americana de Estudos em Educação*, Araraquara, v. 19, n. 00, e024106, 2024. e-ISSN: 1982-5587.

distanciamento social. Essa condição desafiadora exigiu a implementação de estratégias inovadoras e a reconfiguração dos modelos tradicionais, com o intuito de assegurar o acesso à educação, bem como a promoção e o desenvolvimento dos estudantes em tempos adversos.

Nessa conjuntura, os gestores desempenharam um papel fundamental ao assumirem a responsabilidade da tomada de decisões e implementação de estratégias, buscando assegurar a continuidade das atividades educacionais. Além da necessária adaptação a novas formas de ensino, eles incumbiram-se da árdua tarefa de garantir a saúde e segurança de alunos, professores e funcionários. Compreender as ações empreendidas por esses profissionais torna-se de suma importância para análises e reflexões acerca do impacto da pandemia na educação, assim como dos procedimentos adotados para enfrentar aquele momento singular na história.

Levando isso em consideração, nosso grupo de pesquisa Formação de Professores, Políticas Públicas e Espaço Escolar, vinculado ao Programa de Pós-Graduação em Educação da Faculdade de Ciências e Tecnologia da Universidade Estadual Paulista Júlio de Mesquita Filho, câmpus de Presidente Prudente, realizou um estudo, de abordagem qualitativa, com o objetivo de investigar e compreender experiências e práticas dos gestores escolares que atuavam nas escolas municipais de Presidente Prudente, durante o período da pandemia da Covid-19. Por meio da aplicação de um questionário on-line, buscamos coletar dados acerca das atividades realizadas pelos profissionais supramencionados, bem como sobre abordagens adotadas, desafios enfrentados e estratégias implementadas com o intuito de assegurar a continuidade da educação no contexto pandêmico. Ressaltamos, portanto, que este artigo apresenta um recorte dessa pesquisa mais ampla.

Procuramos responder à questão: como se desenvolveu o trabalho de gestão escolar durante a pandemia? Para alcançar os objetivos, contamos com a participação de orientadoras pedagógicas[2] e diretoras, que compartilharam conosco os desafios enfrentados. É relevante salientar que a maioria dos estudos no contexto da educação durante a pandemia tem direcionado seu foco principalmente para os aspectos ligados ao trabalho

---

[2] Na rede municipal de Presidente Prudente, adota-se o termo "orientador pedagógico". Porém, com as atribuições similares ao termo "coordenador pedagógico", mais comumente adotado em outras redes e sistemas de ensino.

docente (Alves *et al.*, 2021; Baade *et al.*, 2020; Bessa, 2021; Cardoso *et al.*, 2022; Carraro *et al.* 2020. Lima *et al.*, 2022). Desse modo, nossa pesquisa busca, de forma significativa, preencher essa lacuna, concentrando-se especialmente na investigação das situações relacionadas à gestão escolar.

Nesse percurso investigativo, iniciamos nossa análise com base nas considerações relevantes de autores amplamente reconhecidos no campo da gestão escolar, tais como Dourado (2007), Paro (2012), Souza (2006, 2012). De forma geral, esses autores ressaltam que a gestão educacional não pode ser considerada neutra, demandando, assim, um processo contínuo de aprendizado e engajamento que transcende os limites da prática educativa. Embora os gestores escolares possuam uma autonomia relativa, eles têm a oportunidade de estabelecer e efetivar canais de participação, por meio dos quais torna-se possível aprender sobre a dinâmica democrática e reavaliar as estruturas autoritárias, viabilizando o envolvimento de estudantes, pais ou responsáveis, professores e outros profissionais da educação. Na próxima seção, questões referentes às concepções sobre gestão escolar serão melhor discutidas.

O papel da gestão escolar e o contexto pandêmico

Para Vieira (2007) existem diferenças entre a gestão educacional e a gestão escolar. A educacional abrange uma variedade de iniciativas desenvolvidas pelas diferentes instâncias governamentais, tanto em termos de responsabilidades compartilhadas na oferta de ensino quanto em outras ações específicas de cada área de atuação. A gestão escolar, por sua vez, refere-se às tarefas realizadas dentro do âmbito da escola, que estão sob sua esfera de competência. A gestão escolar visa garantir o cumprimento de sua finalidade essencial, que é promover o ensino e a aprendizagem, possibilitando o acesso à educação como um direito de todos, conforme previsto na Constituição Federal e na Lei de Diretrizes e Bases da Educação Nacional.

No entanto, é importante aproximar essas duas esferas de gestão, pois sua finalidade última tem um objetivo comum: garantir a educação como um "direito de todos", visando ao pleno desenvolvimento da pessoa, preparação para a cidadania e qualificação para o trabalho, conforme definido nas normas supracitadas. Para Martínez *et al.* (2023), os gestores devem adotar um modelo de gestão que responda às exigências atuais, de maneira que a instituição escolar se torne um espaço em que o trabalho em equipe, o planejamento, a gestão, a participação, a avaliação e o fortalecimento de valores tornem-se práticas diárias, inclusive buscando melhorias contínuas objetivando resgatar a função social da educação.

Souza (2012, p. 159) problematiza a gestão escolar, pautando-a em uma abordagem que busca compreendê-la não em sua idealização, senão na apreensão da sua concretização, considerando atentamente as áreas de atuação e seus propósitos. O autor enfatiza que "[...] a gestão é a execução da política, é por onde a política opera e o poder se realiza". Desse modo, a gestão escolar desempenha um papel primordial na definição dos pressupostos que orientam os procedimentos relacionados à escola, ao mesmo tempo que se configura como um processo dinâmico de busca, conquista, disputa, diálogo e compartilhamento do controle sobre o poder decisório que orienta o percurso da instituição. Em síntese, a coordenação da política escolar se configura como o foco central da gestão escolar, evidenciando-se, esta última, como uma extensão operacional da política escolar.

Também nesse sentido, Paro (2012) apresenta uma concepção que enfatiza a necessidade de a gestão escolar voltar-se à construção de uma escola pública que contribua para a emancipação dos estudantes e, consequentemente, para a transformação da sociedade. Assim, a especificidade da administração escolar implica a rejeição inequívoca à dominação e à exploração do trabalho, características intrínsecas à gestão capitalista, o que, entretanto, não implica uma renúncia à administração como um todo. Segundo o autor, é fundamental buscar formas de gerenciar a escola que garantam tanto sua eficiência interna, ou seja, a otimização dos recursos disponíveis, quanto sua efetividade externa, relacionada ao desempenho da escola em relação aos estudantes e ao alcance dos objetivos de aprendizagem. Desse modo, os gestores, de forma consciente ou não, por meio de suas ações, podem se alinhar aos interesses conservadores das minorias dominantes ou aos interesses históricos e progressistas das classes dominadas.

Em que pese a importância de os gestores comprometerem-se com a transformação social e pautarem suas ações em consonância com os interesses da classe trabalhadora, é necessário ressaltar, conforme aponta Dourado (2007), que a ação política pode ser influenciada por marcos regulatórios que refletem orientações, compromissos e perspectivas mais abrangentes do que a dinâmica intraescolar. No contexto do período pandêmico, tais situações tornaram-se evidentes, uma vez que os diretores, mesmo objetivando uma escola orientada para a transformação da realidade, foram compelidos a adotar algumas posturas técnicas e conservadoras, como representantes do Estado, executando políticas impostas pelos órgãos gestores centrais. Os gestores escolares se encontravam em uma conjuntura em que buscavam preservar a saúde e o bem-estar dos alunos, professores e demais membros da comunidade escolar, ao mesmo tempo que se fazia necessário assegurar a continuidade do processo educacional.

Como posturas técnicas e conservadoras, referimo-nos, por exemplo, às preocupações em garantir a manutenção dos procedimentos escolares, além da cautela em relação à tomada de decisões que não refletissem a decisão dos órgãos superiores. Souza (2006) explica que, para os autores clássicos da gestão escolar, o diretor é tido como um técnico, que desempenha principalmente a função administrativa na escola, oportunizando meios para o desenvolvimento do trabalho pedagógico. Trata-se de uma visão conservadora, focada nas atividades administrativas e burocráticas, justificadas sob o pretexto de garantir a eficiência e a eficácia da escola.

De acordo com Souza (2006), autores críticos afirmam a imprescindibilidade da dimensão política na gestão escolar, uma vez que o posicionamento político é importante para a redefinição dos objetivos e dos métodos da escola, de maneira que haja uma reformulação em termos de currículo, de métodos de ensino e de avaliação, dentre outros aspectos. Isso levaria a gestão a voltar-se para os interesses da classe trabalhadora, visando a uma transformação social. No contexto pandêmico, também há autores como Alves e Barbosa (2020) que defendem a necessidade de implantação de processos educacionais significativos, mesmo considerando as demandas impostas pelo isolamento social. Elas acreditam que a gestão escolar deveria apresentar propostas que contemplassem planos educacionais emergenciais desafiadores, envolvendo escola, alunos e famílias, em uma gestão democrática participativa, mesmo respeitando o necessário distanciamento social.

Nesse mesmo sentido, Firmino (2020) expõe que os gestores deveriam adotar uma postura crítica em relação aos sujeitos envolvidos e tomar decisões que beneficiem a coletividade, como diálogos para decisões democráticas, ampliação da participação, respeitando as partes envolvidas, sem desconsiderar as funções cotidianas comumente realizadas. Para a autora, os gestores deveriam ser flexíveis no período pandêmico, sem desconsiderar as situações que requerem um ambiente propício para uma educação de qualidade social. Firmino (2020) menciona que desafios em tempos de pandemia, como a instabilidade emocional de alunos e familiares, deveriam ser considerados uma prioridade para a docência; mas isso foge das situações debatidas na formação profissional docente, tanto inicial quanto continuada. Assim, esse processo de orientação pedagógica, exigido da docência em tempos de pandemia, demandou intervenção emergencial dos gestores, que buscaram apropriar-se dessa nova função.

No período da pandemia, os gestores ficaram pressionados entre atender as reivindicações dos professores, preocupados com a aprendizagem dos estudantes, e as demandas superiores, especialmente no preenchimento de relatórios e outros procedimentos burocráticos. Eles precisaram lidar com as demandas docentes advindas do ensino remoto, acrescidas das reivindicações e pressões provenientes das esferas governamentais e da sociedade em geral. Mesmo que compreendessem o papel político no contexto escolar, o período pandêmico representou algo completamente inusitado, o que fez com que os gestores escolares não tivessem muitas opções senão seguir as determinações superiores, adequando-se às novas demandas, acatando políticas concebidas exclusivamente para aquele momento.

Percurso metodológico

Na conceituação da gestão escolar, nos referimos à equipe gestora, constituída, no caso do sistema educacional em tela, pelo diretor, vice-diretor e orientador pedagógico. O estudo foi realizado com gestoras do sistema municipal de Presidente Prudente, que responderam um questionário composto por 61 perguntas, disponibilizadas na plataforma Google Forms. Dentre os 66 respondentes, apenas três afirmaram pertencer ao sexo masculino, razão pela qual utilizamos o substantivo feminino "gestora". O questionário abrangeu questões objetivas e abertas, visando obter informações sobre aspectos pessoais, condições de saúde, formação e experiência profissional, recursos tecnológicos disponíveis, condições de trabalho remoto e relações com a comunidade. Foi disponibilizado em 19 de julho de 2021 e as respostas foram aceitas até 23 de setembro do mesmo ano. Antes, porém, realizamos um pré-teste, visando adequar e aperfeiçoar as questões.

No que diz respeito aos procedimentos éticos adotados nesta pesquisa, é importante destacar que todas as participantes preencheram o Termo de Consentimento Livre e Esclarecido (TCLE), que foi a única questão obrigatória. Além disso, o projeto de pesquisa e demais documentos necessários foram submetidos e aprovados pelo Comitê de Ética em Pesquisa (CEP)[3], por meio da Comissão Nacional de Ética em Pesquisa (Conep), com o intuito de assegurar a observância aos direitos humanos, à autonomia da vontade e ao cumprimento de elevados padrões de pesquisa, integridade, honestidade, transparência e verdade, bem como a promoção de valores democráticos e responsabilidade social (Mainardes; Cury, 2019). Cabe ressaltar que, para garantir o anonimato das participantes, não foram divulgados os nomes e tampouco o local de atuação. Tais medidas foram adotadas com a finalidade de preservar a confidencialidade e a privacidade das participantes.

Com o intuito de conhecermos as gestoras, as questões iniciais objetivaram caracterizar o perfil das participantes e as seguintes tiveram a intencionalidade de obter maior compreensão dos processos decisórios, das inseguranças e vulnerabilidades experenciadas pelas gestoras no período pandêmico. Neste estudo, o conceito de perfil é compreendido, de acordo com a definição de Souza (2006), como a capacidade de analisar as diferentes facetas de um fenômeno, representando um conjunto de características gerais desse fenômeno específico, evidenciando seus diferentes padrões. A formação do perfil ocorre por meio da análise de diferentes tipos, buscando identificar e descrever a heterogeneidade para classificar em grupos mais semelhantes, com o objetivo de compreender as particularidades, as diferenças e semelhanças entre os indivíduos (Souza, 2006). A análise das demais questões seguiu procedimentos da abordagem qualitativa de pesquisa, embasados em André e Gatti (2008).

Dentre as funções ocupadas pelas gestoras, 57,1% são orientadoras pedagógicas e 42,9% são diretoras. A maioria das participantes se encontra na faixa etária de 32 a 51 anos, totalizando 80,4 %. Dentro dessa faixa, 48,2% possuem idade entre 42 e 51 anos. Em seguida, estão 16% das gestoras com idades entre 32 a 36 anos, assim como aquelas com idades entre 37 a 41 anos, que correspondem ao mesmo percentual. Entre 52 e 57 anos, encontram-se 12,5% das gestoras. Também há 1,8% com idades entre 22 a 26, bem como entre 57 a 61 anos ou mais. Em relação ao estado civil,

---

[3] CAAE: 56061522.7.0000.5402

66,7% são casadas, enquanto as solteiras somam 13,6%. As respondentes separadas ou divorciadas totalizam 12,1%, e aquelas em situação de união estável representam 6,1%, seguidas por 1,5% que são viúvas.

Em relação à escolaridade, todas cursaram pedagogia. Destas, 4,5% estão cursando mestrado, 3% já possuem o título de mestres e 1,5% cursam doutorado. O percentual de 21,2% também possui outra graduação, como Geografia, Letras, Matemática, Arte, Educação Física ou Ciências Biológicas. Quanto ao tempo de atuação no magistério, os maiores percentuais são 47,7%, que possuem uma trajetória profissional entre 16 e 25 anos. Logo em seguida, com 12,3% cada, estão as gestoras que acumulam de 11 a 15 anos de experiência e aquelas com 26 a 30 anos de trabalho. Em relação ao tempo de atuação na gestão escolar, 85,5% atuam há dez anos ou menos, dentre as quais 39,7% atuam entre um e cinco anos. Em síntese: o grupo majoritário das respondentes compõe-se de pedagogas, com idades entre 31 e 51 anos e com 16 a 25 anos de experiência.

Condições de saúde: inseguranças e vulnerabilidades

As condições de saúde das gestoras foram impactadas durante o período pandêmico. Além das inúmeras responsabilidades relacionadas à adaptação ao ensino remoto, à implementação de protocolos de segurança e ao enfrentamento das incertezas, as gestoras escolares também enfrentaram impactos significativos na saúde física e mental. A pressão crescente para a tomada de decisões e a necessidade de respostas aos órgãos superiores, muitas vezes com informações limitadas e mudanças constantes, foram fatores de estresse significativo. Elas enfrentaram o desafio de conciliar as necessidades dos alunos, dos pais, dos professores e demais servidores, enquanto lidavam com a ansiedade e a preocupação com a saúde e o bem-estar de todos os envolvidos na comunidade escolar, bem como seus próprios familiares.

Além disso, a sobrecarga de trabalho e as longas horas dedicadas a resolver problemas emergentes e encontrar soluções levaram ao esgotamento e à exaustão mental. A falta de tempo para o autocuidado e para lidar com o próprio estresse também se constituíram como uma preocupação comum entre as gestoras. A ausência do contato presencial e das interações pessoais, essenciais para a construção de relacionamentos e o apoio mútuo, contribuíram para o sentimento de isolamento e solidão. A falta de uma rede de apoio sólida e de momentos de descanso e recuperação podem contribuir negativamente com a saúde mental e emocional.

Levando em consideração esses fatores, buscamos conhecer alterações nos padrões de sono, situações alimentares, condições de estresse e ansiedade, até números de contaminações na família, fatores de risco e impactos. Dentre as respondentes, 69,7% afirmaram que não faziam parte de nenhum grupo de risco. Dentre as 30,3% que disseram pertencer a algum grupo de risco, 26,8% apresentavam hipertensão arterial, 17,1% doença respiratória, 14,6% diabetes e 7,3% obesidade. Ainda, 4,9% possuíam idade igual ou superior a 60 anos.

Sobre as alterações nos padrões de sono, 67,2% tiveram o sono alterado. Quando questionamos sobre alterações alimentares, grande parte das respondentes, 62,5%, relatou alterações e 37,5% não sofreram com problemas nesse sentido. Em relação ao índice de contaminação, 78,8% não contraíram o vírus. Dentre as respondentes que foram infectadas, 18,2% se recuperaram, 3% relataram que ficaram com sequelas e ninguém estava em processo de recuperação durante o período de realização da pesquisa. Sobre os episódios de estresse e/ou ansiedade, 78,5% tiveram quadros de estresse e/ou ansiedade e 21,5% nada sofreram.

Resumidamente, os resultados acerca das condições de saúde revelaram que 16,7% das participantes que relataram impacto na saúde, tiveram problemas relacionados à saúde física. Além disso, 25% apresentaram queixas tanto de problemas emocionais como físicos. No entanto, é importante destacar que uma boa parte, ou seja, 58,3%, expressou preocupações específicas relacionadas à saúde mental e/ou emocional. Esse percentual, acrescido às 25% que relataram terem sofrido com problemas físicos e emocionais, totaliza 83,3%. De acordo com uma revisão sistemática de literatura realizada por Brooks *et al.* (2020), foi constatado que pessoas submetidas à quarentena relataram uma série de problemas psicológicos, incluindo sintomas de estresse agudo, ansiedade, dificuldades para dormir e exaustão emocional. Os pesquisadores enfatizaram que a duração da quarentena e a interrupção das conexões sociais podem ter desempenhado um papel significativo nas repercussões negativas para a saúde mental.

Similarmente, os estudos de Pancani *et al.* (2021) também apontaram que a restrição da mobilidade das pessoas, embora essencial naquele momento histórico para frear a propagação do vírus, pode ter exercido uma pressão significativa sobre a saúde mental das pessoas a uma escala sem precedentes. Os autores afirmam a imprescindibilidade das relações sociais por meio de instrumentos virtuais em tempos de incertezas e de ameaças, para substituir o apoio que as interações presenciais permitem. Ainda, defenderam que, para além das tentativas de impedir a propagação da pandemia, seria necessária a adoção de múltiplas formas de apoio psicológico para gerir as situações em que as pessoas tinham poucos contatos presenciais.

Essas condições, além das especificamente ligadas às funções das gestoras, foram observadas nas respostas às questões abertas, quando as participantes afirmaram, por exemplo, que: i) sentiam medo de falecer ou perder entes queridos, em decorrência da Covid-19; ii) a ansiedade e o medo também se manifestavam porque, ao mesmo tempo que precisavam tranquilizar professores e familiares, não dispunham de suporte nesse sentido; iii) havia ansiedade decorrente da falta de rotina, das inseguranças, do excesso de trabalho e do afastamento de todos; iv) a pressão imposta pela Secretaria da Educação e pelo Ministério Público também se consistiu em fator estressante; v) necessitaram realizar terapias para alívio das tensões.

Barbisch *et al.* (2015) explicam que a necessidade de isolamento pode causar um "sentimento de histeria coletiva", quando o medo e a ansiedade aumentam, em decorrência do número de mortos, do aumento da cobertura midiática e do número crescente de novos casos. Esses fatores aumentam substancialmente a ansiedade, com implicações em rede, que necessitam de outras medidas de saúde. Também nesse sentido, os estudos conduzidos por Lima *et al.* (2022) ressaltam o medo de contrair a doença como um elemento crucial, que desencadeou uma sensação generalizada de insegurança em diversos aspectos da vida, tanto do ponto de vista coletivo quanto individual. Esse medo impactou e modificou as relações interpessoais, "[...] um medo específico se apodera dos indivíduos, 'o medo do desconhecido' [bem como] a relação entre 'medo' e 'conhecimento' ou 'saber' (*knowledge*) em níveis individuais e coletivos" (Jodelet, 2017, p. 453).

Atividades desempenhadas: o enfrentamento de novos desafios

Além das questões referentes ao perfil e à saúde das gestoras, também buscamos conhecer atividades desenvolvidas, condições de trabalho e os recursos tecnológicos disponíveis para que pudessem desempenhar suas atribuições durante o período pandêmico. Verificamos que todas as gestoras tinham acesso à internet em seus domicílios e no local de trabalho. Além disso, constatamos que a maioria, 75,8%, das gestoras acessavam tanto de suas casas quanto do local de trabalho. Em relação à qualidade da internet, 66,6% das gestoras classificaram-na como excelente, muito boa ou boa, enquanto 27,3% a consideraram regular e 6,1% disseram que era ruim. É importante ressaltar que a disponibilidade de uma conexão de internet de qualidade, tanto no ambiente de trabalho quanto nas residências, tratou-se de um aspecto essencial para a realização das atividades durante o período da pandemia, uma vez que essa condição fundamental permitiu que as gestoras executassem suas atribuições sem instabilidades na conexão.

Em relação aos dispositivos disponíveis para as gestoras, observamos que, em suas residências, 92,4% utilizavam notebook e celular; desse percentual, 24,2% também usavam computador. No ambiente de trabalho, podendo assinalar mais de uma opção, 73,4% afirmaram utilizar computador, 60,9% usavam também o notebook e 17,2% utilizavam apenas o celular. Quanto ao compartilhamento dos dispositivos, 51,5% das gestoras não dividiam os aparelhos com ninguém, enquanto 48,5% compartilhavam com outras pessoas. Destas, 19,8% dividiam com uma pessoa, 13,6% com duas pessoas, 10,6% com três pessoas, 3% com quatro pessoas e 1,5% dividiam com cinco ou mais pessoas. É importante mencionar que a maioria das gestoras, 75,8%, adquiriu os equipamentos com recursos próprios. Em relação à capacidade de utilização das tecnologias, 84,8% das gestoras consideraram-na excelente, muito boa ou boa. Por outro lado, 15,2% afirmaram sentir-se inseguras em relação à utilização das tecnologias, classificando suas habilidades como regulares nesse aspecto. Durante a pandemia, as gestoras interagiram com diversos grupos, sendo que 93,9% afirmaram que a interação ocorria com professores, 71,2% com pais e familiares dos estudantes, 69,7% com outros gestores e 27,2% com estudantes.

Quanto às atividades desempenhadas pelas gestoras durante o período pandêmico, optamos por apresentar os resultados por meio de uma tabela. As respostas totalizaram 168, uma vez que as gestoras indicaram mais de um exemplo de atividades realizadas. A tabela que fornecemos apresenta uma subdivisão das respostas entre atividades pedagógicas, que atribuímos às orientadoras pedagógicas, e atividades técnico-administrativas, mais comuns às diretoras. No entanto, é importante ressaltar que, idealmente, não deve haver muita divisão, pois as funções e atuações das gestoras são complementares entre si e não excludentes.

Tabela 1 – Atividades remotas realizadas pelas gestoras

Atividades remotas	F	%
1. Atividades pedagógicas		
Assistência técnico-pedagógica aos professores / Acompanhamento e orientação das atividades realizadas pelos professores / Preparação e realização de estudos coletivos /	61	36,3
Contato / Atendimento / Orientação / Reunião com pais ou familiares de alunos	18	10,7
Organização / Acompanhamento da rotina escolar	7	4,1
Elaboração / Organização de documentos pedagógicos / Construção de gráficos e planilhas de dados de acesso e retirada de atividades impressas	6	3,6
Atividades de pesquisa (vídeos, estudos)	5	3
Conselho de classe / Conselho de escola	4	2,4
Atividades pertinentes à função de coordenação pedagógica	3	1,8
Subtotal	104	61,9
2. Atividades técnico-administrativas		
E-mail / Google Meet / Aplicativos (WhatsApp)	21	12,5
Elaboração / Organização e envio de documentos	13	7,7
Participação de convocações e reuniões organizadas pela Secretaria Municipal de Educação	11	6,5
Atividades e trabalhos administrativos/burocráticos	8	4,8
Leitura de normativas, decretos, resoluções / Impressão de alguns destes documentos	3	1,8
Atividades do sistema Secretaria Digital (SED)	3	1,8
Reunião com coordenadoras (no caso de diretoras)	2	1,2
Outros	3	1,8
Subtotal	64	38,1
Total	**168**	**100**

Fonte: elaboração das autoras (2021)

A tabulação das respostas e a categorização permitiram visualizar uma diversidade de atividades realizadas pelas gestoras. A categoria com o maior número de indicações refere-se às reuniões e encontros realizados com os professores, incluindo horário de trabalho pedagógico coletivo para professores do ensino fundamental (HTPC) e horário de atividade coletiva para professores da educação infantil (HAC). Essa categoria correspondeu a 36,3%, provavelmente relacionadas às orientadoras pedagógicas. As respostas forneceram uma descrição das seguintes atribuições: i) leitura, repasse e orientação ao grupo de colaboradores da equipe escolar sobre as orientações e solicitações da Secretaria Municipal de Educação (Seduc); ii) acompanhamento e orientação das atividades realizadas pelos professores, disponibilizadas na sala virtual; iii) planejamento de HTPC e HAC. Essas atribuições mencionadas nas respostas evidenciaram a diversidade de atividades desempenhadas pelas gestoras durante o período pandêmico.

Compreendendo 12,5% do total de respostas, temos a participação em reuniões por meio de salas virtuais, como o Google Meet, o acompanhamento e o envio de mensagens por aplicativos como WhatsApp, bem como a leitura e o envio de respostas por e-mail. Entre as atividades mencionadas, destacam-se: i) checagem de e-mails e grupos de WhatsApp de pais e funcionários; ii) leitura diária do e-mail da unidade escolar; iii) atendimento individual às professoras e educadoras por meio do WhatsApp, Google Meet, e-mail e outros canais de comunicação.

Na terceira categoria com maior número de indicações, correspondendo a 10,7% das respostas, estão os contatos, atendimentos, orientações e reuniões remotas com pais ou familiares. Com 7,7% das respostas, totalizando 13 indicações, estão as atividades relacionadas à elaboração, digitação e encaminhamento de ofícios, solicitações, pagamentos e atendimentos. Atingindo 6,6% do total de respostas, encontramos as atividades relacionadas à participação em reuniões e convocações da Seduc, incluindo atendimento às demandas e encontros de formação com as coordenadoras do órgão central.

As respostas das gestoras revelaram os desafios enfrentados e as mudanças significativas em suas atribuições, comparativamente às situações normais. A pandemia obrigou as escolas a adotarem medidas de distanciamento social e implementarem o ensino remoto, resultando em uma série de transformações na forma como as escolas operaram e como as gestoras escolares desempenharam suas funções. Em condições normais, elas geralmente estão envolvidas na gestão cotidiana da escola, orientando os professores, acompanhando o progresso dos alunos, implementando políticas educacionais e interagindo com a comunidade escolar. No entanto, durante a pandemia, essas atribuições foram ampliadas, uma vez que as gestoras precisaram lidar com desafios específicos impostos pela crise sanitária.

De acordo com Santana Filho (2020), a pandemia abalou a docência e a educação escolar, uma vez que a necessidade de isolamento de estudantes, professores, pedagogos, gestores, alterou a dinâmica escolar, antes baseada na convivência, no compartilhamento de ideias e saberes, na transmissão de conteúdos consolidados e conduzida por práticas seculares. Nesse mesmo sentido, Breton (2023) afirmou que a pandemia de Covid-19 revelou à humanidade que ela entrou em uma fase marcada por uma tendência à intensificação gradual do princípio da incerteza, como resultado das rupturas do passado.

Coordenar a transição para o ensino remoto, fornecer orientações aos professores sobre as melhores práticas, garantir o acesso à educação para todos os alunos e buscar soluções para minimizar as desigualdades educacionais foram alguns dos novos desafios enfrentados pelas gestoras. Ademais, elas tiveram que se adaptar rapidamente a novas ferramentas e plataformas tecnológicas. A experiência vivenciada no contexto pandêmico revelou a complexidade do trabalho na condução das práticas escolares em tempos excepcionais, proporcionando uma compreensão aprofundada da nova dinâmica, mais complexa e desafiadora, do processo de ensino e aprendizagem (Peres, 2020).

Orientações da Seduc: os processos decisórios em meio às incertezas

Por meio desta pesquisa, também buscamos obter informações sobre as orientações fornecidas pela Seduc para a realização do trabalho remoto, identificar as diferentes tipologias de orientações oferecidas e avaliar sua relevância. Além disso, investigamos se a Seduc ofereceu formação específica às gestoras e como essas atividades formativas foram percebidas por elas. Outra intencionalidade foi identificar as principais dificuldades enfrentadas pelas gestoras durante o período da pandemia. Sobre orientações repassadas pela Seduc para a realização do trabalho de forma remota, 66,7% afirmaram que houve repasse. Dentro desse grupo, 32,9% indicaram que foram orientadas sobre como usar recursos, ferramentas, plataformas, aulas síncronas e tutoriais. Para 29,7% das gestoras, as orientações estavam relacionadas à execução do trabalho escolar remoto e às atividades a serem disponibilizadas para as crianças.

De acordo com 15,6% das gestoras, as orientações foram direcionadas à participação em formações por meio de reuniões remotas, em lives ou utilizando ferramentas como WhatsApp. O percentual restante, de 21,9%, afirmou que as orientações englobavam assuntos como documentos e resoluções, materiais de estudo, planejamento de reuniões, atendimento às famílias e busca ativa de alunos. Para 30,3% das respondentes, as orientações foram repassadas às vezes. Desse percentual, 45,5% relataram que foram orientadas em relação ao trabalho docente, condução e organização escolar. Em seguida, 40,9% afirmam que as orientações estavam focadas no uso de plataformas (Google Classroom e Google Meet) e na realização de aulas síncronas. Ainda, para 13,6% das gestoras, as orientações em formato de lives foram consideradas cansativas e pouco contribuíram para o trabalho remoto.

Em algumas respostas, as gestoras não explicitaram a orientação recebida, mas expressaram críticas em relação à forma como essas orientações foram transmitidas. Elas questionaram a efetiva utilidade e afirmaram, por exemplo, que: i) as orientações não convergiam com as necessidades daquele momento; ii) algumas orientadoras participaram de formações promovidas pela Seduc, mas não possuíam domínio das ferramentas, o que comprometia o repasse efetivo aos professores; iii) sentiam sentimentos de frustrações diante da sobrecarga de tarefas burocráticas; iv) insegurança em razão de informações desencontradas, atrasadas e mal elaboradas. Finalmente, sobre orientações repassadas, 3% das gestoras disseram não ter recebido.

Sobre a relevância das informações repassadas pela Seduc, 56,9% das gestoras afirmaram que as orientações recebidas foram relevantes para a realização do trabalho remoto. Porém, 40% afirmaram que a relevância foi parcial e 3,1% disseram não ter sido relevante. Quando instadas a explicar suas opiniões sobre essa relevância, as gestoras apresentaram as seguintes justificativas: i) as orientações auxiliaram na utilização segura das tecnologias digitais, fornecendo tutoriais e orientações; ii) serviram como base para a organização do trabalho remoto; iii) foram objetivas, importantes, significativas e ajudaram a tirar dúvidas, embora insuficientes, tardias e com tempo limitado de implementação; iv) atenderam às necessidades identificadas pelas gestoras.

Em relação à oferta de cursos, oficinas, minicursos e atividades afins pela Seduc à equipe gestora para auxiliar no trabalho remoto, constatamos que 72,3% responderam afirmativamente, indicando terem recebido formações específicas. Considerando esse percentual, podemos afirmar que houve uma quantidade significativa de atividades de formação, uma vez que apenas 27,7% das gestoras relataram não ter recebido formação específica oferecida pela Seduc durante o período. No que diz respeito ao percentual das gestoras que afirmaram não ter recebido formação, procuramos entender como elas obtiveram formações ou informações para realizar o trabalho remoto.

As respostas fornecidas foram as seguintes: i) buscaram ajuda ou troca com colegas, grupos de WhatsApp, professores e gestoras mais experientes; ii) aprenderam de forma autodidata, realizando pesquisas, experimentando, buscando formações e explorando ferramentas; iii) acesso à internet, utilizando recursos como o Youtube e o Google; iv) utilizando vídeos de professores e orientadores como fonte de aprendizado. No que diz respeito às orientações repassadas pelas gestoras aos professores, verificamos que 31,5% se referiam a orientações técnicas para o uso de ferramentas de trabalho no ensino remoto, como orientações para elaboração de atividades, uso de plataformas virtuais, organização da rotina e horário de estudos, bem como indicações de como acessar a plataforma Google Classroom. A tabela a seguir apresenta todas as respostas.

Tabela 2 – Orientações repassadas pela equipe gestora para o trabalho remoto com os alunos

Orientações	Freq.	%
1. Uso de ferramentas (plataformas, Google Meet, Google Classroom, word, PDF, tutoriais, vídeos, PowerPoint)	30	31,5
2. Repasse das orientações da Seduc	22	23,1
3. Trabalho no ensino remoto (plano de aula, textos, conteúdos, atividades)	15	16,0
4. Trabalho com alunos e famílias	08	8,5
5. A partir de troca de experiência	06	6,3

6. Formação no geral / reuniões tutoriais	05	5,3
7. Aulas síncronas	04	4,2
8. Devolutivas	03	3,1
9. Cronograma de trabalho	01	1,0
10. Não houve orientação / orientação atrasada	01	1,0
Total	**95**	**100**

Fonte: elaboração das autoras (2021)

No geral, esses resultados revelaram uma variedade de orientações fornecidas pela Seduc às gestoras para auxiliar no trabalho remoto. Embora uma parcela significativa tenha considerado as orientações relevantes e tenha recebido formações específicas, alguns pontos de melhoria foram identificados, como a importância de maior alinhamento das orientações com as necessidades emergentes da pandemia, bem como a garantia do domínio das ferramentas tecnológicas por parte das orientadoras. Além disso, dentre as principais dificuldades enfrentadas pelas gestoras durante a pandemia, estavam a sobrecarga burocrática e a insegurança.

Com base nesses achados, consideramos que a Seduc poderia ter aprimorado as orientações fornecidas, levando em consideração as demandas específicas de cada contexto escolar e promovendo formações mais consoantes às necessidades das gestoras e das escolas. O fornecimento de suporte técnico e pedagógico adequado às gestoras é importante, além da garantia do acesso a recursos e ferramentas necessárias para o trabalho remoto. Ao superar os desafios e implementar melhorias com base nas experiências vivenciadas, seria possível a oferta de uma educação escolar remota mais eficiente e inclusiva, com o fornecimento de suporte às escolas.

Escola e família: travessias conjuntas desafiando a pandemia

A parceria entre família e escola, com estratégias que promovam uma melhor comunicação e uma maior participação dos pais e responsáveis no processo educacional, é de extrema importância em todas as etapas e modalidades da educação básica, independentemente do período. Especialmente no que diz respeito ao contexto pandêmico, julgamos pertinente compreender como ocorreu a interação entre família e escola durante a implementação do trabalho remoto, além de identificarmos as principais dificuldades enfrentadas pelas gestoras naquela conjuntura desafiadora. Assim, investigamos as dinâmicas específicas que ocorreram no contexto do trabalho remoto, buscando entender como se estabeleceu a interação entre família e escola, bem como quais estratégias foram adotadas para promover uma comunicação efetiva e como os pais e responsáveis foram envolvidos no processo educacional. Além disso, procuramos identificar as principais dificuldades enfrentadas, à época, pelas respondentes.

As gestoras se comunicaram com as famílias de variadas formas. Considerando as mais frequentes temos: mensagens por aplicativos (100%), ambientes virtuais de aprendizagem (96,9%), ligações telefônicas (95,4%), redes sociais (76,9%) e videochamadas (52,3%). Outros meios foram menos utilizados, como cartas (30,8%) e mensagens por e-mail (24,6%). Outras formas de comunicação indicadas (15%) foram atendimento presencial seguindo os protocolos, visita à residência, gravações de vídeo, reuniões por meio da ferramenta Google Meet, busca ativa e rodas de conversa entre membros da equipe escolar e a família. A partir da observação dos percentuais, podemos inferir que as gestoras fizeram uso bastante frequente dos recursos tecnológicos para se comunicarem com as famílias dos alunos.

No que diz respeito aos estudantes em situação de vulnerabilidade socioeconômica, que enfrentaram dificuldades para acessar tecnologias digitais e, consequentemente, os conteúdos escolares, buscamos obter informações sobre as ações e estratégias adotadas pela equipe gestora para solucionar ou mitigar essa situação. Dentre as participantes, 45,6% relataram que atividades impressas foram disponibilizadas, enquanto 25% realizaram plantões presenciais para atender famílias e alunos, além de promover reuniões com eles. Outras 15,1% realizaram busca ativa e encaminharam os alunos para o Setor de Ações Complementares ou Conselho Tutelar. Em relação ao uso de tecnologia, 8% optaram por atividades realizadas por meio da plataforma Google Classroom, WhatsApp ou e-mail. 6,3% mencionaram diversas respostas adicionais.

Percebemos que a equipe gestora buscou enfrentar os desafios da vulnerabilidade socioeconômica dos estudantes por meio de um conjunto de ações. A disponibilização de atividades impressas a 45,6% dos alunos e a realização de plantões presenciais para atendimento individualizado, bem como reuniões com as famílias, mostram a importância dessas atividades para garantir um suporte mais direto e próximo. Esses resultados ressaltam a necessidade de abordagens diversificadas e flexíveis, considerando as particularidades e singularidades dos estudantes em situação de vulnerabilidade socioeconômica. Portanto, destacam a importância da diversificação das estratégias para atender às necessidades variadas dos estudantes nessa situação.

Corroboramos com Fagundes (2020, p. 118), "[...] não se pode mais admitir um processo de ensino que resulte em mais desigualdade e indiferença". As gestoras identificaram aspectos positivos em relação às interações com as famílias. Por meio da tabela a seguir, é possível visualizar as respostas que destacaram a importância da interação entre família e escola no contexto das atividades escolares remotas.

Tabela 3 – Aspectos positivos acerca da interação família-escola

Aspectos positivos	Freq.	%
1. Melhorou a proximidade, comunicação, interação, parceria com as famílias	26	41,26
2. Famílias puderem acompanhar melhor o desenvolvimento dos filhos, avanços, potencialidades e dificuldades	13	20,64
3. Maior valorização do trabalho dos professores/educadores, fortalecimento do vínculo entre família e professores/educadores	10	15,87
4. Identificação das famílias que dão valor à educação	9	14,30
5. Professoras/educadoras se esforçaram muito e realizaram um excelente trabalho	2	3,17
6. Outras respostas	3	4,76
Total	**63**	**100**

Fonte: elaboração das autoras (2021)

No entanto, também foram identificados aspectos negativos no que diz respeito à interação entre família e escola no desenvolvimento das atividades remotas. Um percentual de 62,9% indicou que as famílias não participaram, não interagiam e, ainda, bloqueavam o professor ou a escola, abandonando completamente o acompanhamento dos filhos na realização das atividades. Outros 25,8% apontaram que as famílias não possuíam os recursos tecnológicos necessários, como acesso à internet, notebooks ou celulares, o que dificultava o acompanhamento das atividades remotas pelos filhos. Além disso, também foi relatada falta de conhecimento, por parte dos familiares, sobre como acessar os ambientes virtuais. Muitos pais não se sentiam capacitados para auxiliar seus filhos nesse contexto.

Ainda, 5,7% das gestoras afirmaram que os pais não consideravam a educação infantil como uma etapa importante, sendo que muitos daqueles que tinham filhos matriculados nessa etapa da educação básica não atribuíam importância às atividades escolares remotas. Por fim, de acordo com 2,8% das gestoras, os pais disseram não acreditar no ensino remoto.

Nonato *et al.* (2021), em um estudo abordando a relação escola-família, enfatizam a importância primordial da implementação de políticas que reestruturem e fomentem práticas que fortaleçam o vínculo entre os profissionais da educação e os familiares. Segundo os pesquisadores, a parceria entre a escola e a família desempenha um papel fundamental no progresso acadêmico e na trajetória educacional dos estudantes. Concordamos com os autores, reconhecendo a imprescindibilidade da interação entre a escola e familiares ou responsáveis para o desenvolvimento integral dos alunos, em seus aspectos cognitivos, emocionais e sociais.

Considerações finais

Este texto apresentou os resultados de uma pesquisa que objetivou compreender o trabalho gestor no contexto da pandemia da Covid-19. Verificamos que as gestoras foram impactadas por problemas relacionados à saúde física, mental ou emocional. Elas lidaram com várias responsabilidades, incluindo a adaptação ao ensino remoto e tomadas de decisões sob pressão, em contextos de inseguranças e incertezas. As gestoras também expressaram medo de contrair a doença e preocupações com o aumento da cobertura midiática e o número crescente de casos, o que contribuiu para a ansiedade e insegurança generalizada.

No contexto das interações entre família e escola no desenvolvimento das atividades escolares remotas, foram destacados, por um lado, aspectos favoráveis relatados pelas gestoras, que enfatizaram a importância das interações no contexto da educação remota. Por outro lado, foram observados aspectos negativos, como a falta de participação e interação dos responsáveis e familiares, bloqueios ou abandono do acompanhamento dos filhos, bem como a inexistência de recursos tecnológicos e conhecimentos necessários para acessar e auxiliar nas atividades remotas. Esses aspectos evidenciaram a necessidade da busca de estratégias para promover uma maior participação e envolvimento das famílias no contexto pandêmico, bem como de fornecer suporte adequado e recursos tecnológicos para garantir a igualdade de oportunidades educacionais.

Sobre as atividades desempenhadas, foi possível perceber que as gestoras realizaram uma ampla variedade delas. Por meio da categorização das respostas, identificamos diferentes atribuições, tanto de natureza pedagógica quanto técnico-administrativa. Uma das principais atividades mencionadas foi a realização de reuniões e encontros com os professores, acompanhamento das atividades realizadas pelos professores e preparação de estudos coletivos. As gestoras também realizaram contatos, atendimentos, orientações e reuniões remotas com pais ou familiares, buscando manter o envolvimento e a parceria com os familiares dos alunos. Em termos de atividades técnico-administrativas, foram mencionadas a elaboração, organização e envio de documentos, a participação em convocações e reuniões organizadas pela Seduc.

As respostas das gestoras revelaram os desafios enfrentados e as mudanças significativas em suas atribuições devido à pandemia. Elas precisaram se adaptar rapidamente a novas ferramentas e plataformas digitais. A experiência vivenciada pelas gestoras durante a pandemia evidenciou a complexidade do trabalho na condução das práticas escolares em tempos excepcionais, proporcionando uma compreensão mais profunda da nova dinâmica – complexa e desafiadora – acerca do processo de ensino e aprendizagem. Tais considerações ressaltam a importância do papel das gestoras escolares durante a pandemia, mostrando a capacidade de adaptação e apoio à comunidade escolar, bem como a necessidade de recursos tecnológicos adequados e conexão de internet estável para a realização das atividades.

No que tange às orientações fornecidas pela Seduc para a realização do trabalho remoto e a percepção das gestoras sobre sua relevância, os resultados revelaram que houve repasse de orientações por parte da Seduc, abrangendo diferentes aspectos, como o uso de recursos tecnológicos, a execução das atividades escolares remotas e a participação em formações. No entanto, algumas gestoras relataram que as orientações não atenderam plenamente suas necessidades, citando questões como falta de alinhamento com o contexto da pandemia, lacunas na formação das orientadoras e sobrecarga burocrática.

Apesar das críticas, a pesquisa também evidenciou a relevância percebida por algumas gestoras em relação às orientações recebidas. Elas afirmaram que as orientações foram úteis para a utilização segura das tecnologias digitais, a organização do trabalho remoto e a elucidação de dúvidas. Porém, muitas consideraram a relevância parcial, indicando a necessidade de melhorias e ajustes nas orientações fornecidas. Uma parcela significativa ainda relatou não ter recebido formação adequada, buscando alternativas autodidatas e troca de experiências com colegas. Diante disso, compreendemos que a Seduc poderia ter aprimorado as orientações, levando em conta as necessidades específicas de cada contexto escolar e garantindo o domínio das ferramentas tecnológicas por parte das orientadoras. Ademais, é de fundamental importância o oferecimento de suporte técnico e pedagógico adequado, bem como recursos e ferramentas necessárias.

A partir das experiências relatadas, constatamos que poderiam ter sido implementadas políticas que contribuíssem para uma educação escolar remota mais eficiente, inclusiva e adaptável a situações adversas. Reflexões e buscas contínuas por melhorias são fundamentais para a garantia de uma educação de qualidade social e igualdade de oportunidades para todos os estudantes, mesmo em circunstâncias desafiadoras. Lamentamos, ainda, a ausência de políticas educacionais de abrangência nacional que, mesmo respeitando as questões locais, pudessem orientar de maneira mais qualificada as gestoras. Inúmeras vezes elas somente dispunham de trocas de informações e impressões, embora tivessem enorme responsabilidade na condução da gestão no micro contexto educacional.

Apesar das adversidades, observamos que as gestoras buscaram cumprir diligentemente suas atribuições, em que pese a exigência de um certo grau de ineditismo e algumas improvisações, decorrentes do fato de não ter existido precedente de afastamento presencial tão longínquo, em nenhum período histórico da educação nacional, tampouco mundial. Cabe destacar que a inexistência de precedentes exigiu muito dos gestores, para que fosse garantida a continuidade do processo educativo. Certamente, analisar o processo pandêmico, com o benefício do tempo, trata-se de um processo mais simples do que a exigência da tomada de decisões em períodos de incertezas.

Referências

ALVES, Lucicleide Araújo de Sousa; MARTINS, Alexandra da Costa Sousa; MOURA, Adriana Alves de. Desafios e aprendizados com o ensino remoto por professores da educação básica. **Revista Iberoamericana de Educación**, [S. l.], v. 1, n. 86, p. 61-78, maio-ago. 2021. DOI: 10.35362/rie8614373. Disponível em: https://rieoei.org/RIE/article/view/4373/4180. Acesso em: 5 jan. 2024.

ALVES, Sandra Maria Campos; BARBOSA, Mara Renata Barros. Democratic school management: directive dimension to significant educational processes. **Research, Society and Development**, [S. l.], v. 9, n. 4, p. e139942985, 2020. DOI: 10.33448/rsd-v9i4.2985. Disponível em: https://rsdjournal.org/index.php/rsd/article/view/2985. Acesso em: 12 dez. 2023.

ANDRÉ, Marli; GATTI, Bernardete Angelina. Métodos qualitativos de pesquisa em educação no Brasil: origens e evolução. *In:* SIMPÓSIO BRASILEIRO-ALEMÃO DE PESQUISA QUALITATIVA E INTERPRETAÇÃO DE DADOS, 2008, Brasília. **Anais** [...]. Brasília: Faculdade de Educação da Universidade de Brasília, 2008.

BAADE, Joel Haroldo; GABIEC, Cristiane Elizabeth; CARNEIRO, Fabiana Kitiane; MICHELUZZ, Sandra Ciane Prawucki; MEYER, Pablo Andrés Reyes. Professores da educação básica no Brasil em tempos de Covid-19. **Holos**, [S. l.], v. 5, p. 1-16, ago. 2020. DOI: 10.15628/holos.2020.10910. Disponível em: https://www2.ifrn.edu.br/ojs/index.php/HOLOS/article/view/10910. Acesso em: 20 dez. 2023.

BARBISCH, Donna; KOENIG, Kristi; SHIH, Fuh-Yuan. Is there a case for quarantine? Perspectives from SARS to Ebola. **Disaster medicine and public health preparedness**, [S. l.], v. 9, p. 547-553, 2015. DOI: 10.1017/dmp.2015.38.

BESSA, Sonia. Professores em tempos de pandemia: percepções, sentimentos e prática pedagógica. **Devir Educação**, [S. l.], edição especial, p. 183-205, 2021. DOI: 10.30905/rde.v0i0.410. Disponível em: https://devireducacao.ded.ufla.br/index.php/DEVIR/article/view/410 Acesso em: 3 jan. 2024.

BRETON, Hervé. Apprendre en situation d'incertitute: de l'expérience aux savoirs. **Práxis Educativa**, [S. l.], v. 18, p. 1-19, 2023. DOI: 10.5212/PraxEduc.v.18.20926.003. Disponível em: https://revistas.uepg.br/index.php/praxiseducativa/article/view/20926. Acesso em: 5 fev. 2024.

BROOKS, Samantha; WEBSTER, Rebecca; SMITH, Louise; WOODLAND, Lisa; WESSELY, Simon; GREENBERG, Neil; RUBIN, Gideon James. The psychological impact of quarantine and how to reduce it: Rapid review of the evidence. **The Lancet**, [S. l.], v. 395, n. 10.227, p. 912-920, Feb./Mar. 2020. DOI: 10.1016/S0140-6736(20)30460-8. Disponível em: https://doi.org/10.1016/S0140-6736(20)30460-8. Acesso em: 2 fev. 2024.

CARDOSO, Fernanda Serpa; SOARES, Guilherme Marques; GONÇALVES, Bianca da Cruz Lima. A percepção de professores sobre as consequências da pandemia da COVID 19 na Educação Básica. **Ensino em Re-Vista**, [S. l.], v. 29, n. Contínua, p. e051, 2022. DOI: 10.14393/ER-v29a2022-51. Disponível em: https://seer.ufu.br/index.php/emrevista/article/view/67368 Acesso em: 15 dez. 2023.

CARRARO, Marcia Regina Simpioni; OSTEMBERG, Eber; KOHLS DOS SANTOS, Pricila. As tecnologias digitais na educação e nos processos educativos durante a pandemia do COVID-19: Relatos de professores. **Educação Por Escrito**, [S. l.], v. 11, n. 2, p. e38859, 2020. DOI: 10.15448/2179-8435.2020.2.38859. Disponível em: https://revistaseletronicas.pucrs.br/ojs/index.php/porescrito/article/view/38859 Acesso em: 18 dez. 2023.

DOURADO, Luiz Fernandes. Políticas e gestão da educação básica no Brasil: limites e perspectivas. **Educ. Soc.**, Campinas, v. 28, n. 100, p. 921-946, out. 2007.

FAGUNDES, Carlos Frederico Felício. Um diálogo com a educação em tempos de pandemia. **Pedagogia em Ação**, Belo Horizonte, v. 13, n. 1, p. 111-121, jan./jun. 2020.

FIRMINO, Mariana de Araújo Roncato. Os desafios do gestor escolar em tempos de aprendizagem remota. **Pedagogia em Ação**, Belo Horizonte, v. 13, n. 1, p. 275-278, 2020.

JODELET, Denise. **Representações sociais e mundos de vida**. Tradução Lilian Ulup. Curitiba: PUCPRess, 2017.

LIMA, Tamara de; LEITE, Yoshie Ussami Ferrari; PINTO, Joane Vilela; TEIXEIRA, Leny Rodrigues Martins (org.). **Ensino remoto e os desafios da docência em tempos de pandemia**. Curitiba: Appris, 2022.

MAINARDES, Jefferson; CURY, Carlos Roberto Jamil. Ética na pesquisa: princípios gerais. *In:* ANPED. Associação Nacional de Pesquisa em Pós-Graduação (ed.). **Ética e pesquisa em educação**: subsídios. Rio de Janeiro: ANPED, 2019. p. 23-29. Disponível em: https://www.anped.org.br/sites/default/files/images/etica_e_pesquisa_em_educacao_-_isbn_final.pdf Acesso em: 2 fev. 2024.

MARTÍNEZ, Marlenis; ROJAS, Oscar; VIVAS, Amely; CAMPBELL, Lucas. Gestão do corpo diretivo no fortalecimento dos valores sociais em tempo de pandemia: Estudo de caso: Liceo "Los Almendros", na comuna La Florida, Região Metropolitana de Santiago de Chile. **Revista Ibero-Americana de Estudos em Educação**, Araraquara, v. 18, n. 00, e023015, 2023. DOI: 10.21723/riaee.v18i00.17733. Disponível em: https://periodicos.fclar.unesp.br/iberoamericana/article/view/17733 Acesso em: 15 dez. 2023.

NONATO, Celia; YUNES, Maria Angela Mattar; NASCIMENTO, Célia Regina Rangel. School-family relationships: Challenges of the Covid-19 pandemic and emergency remote teaching from the teacher's perspective. **Research, Society and Development**, [S. l.], v. 10, n. 17, e211101724632, 2021. DOI: 10.33448/rsd-v10i17.24632. Disponível em: https://rsdjournal.org/index.php/rsd/article/view/24632. Acesso em: 13 jun. 2023.

PANCANI, Luca; MARINUCCI, Marco; AURELI, Nicolas; RIVA, Paolo. Forced social isolation and mental health: a study on 1,006 Italians under COVID-19 lockdown. **Frontiers in psychology**, [S. l.], v. 12, p. 66.3799, May 2021. DOI: 10.31234/osf.io/uacfj. Disponível em: https://www.frontiersin.org/journals/psychology/articles/10.3389/fpsyg.2021.663799/full. Acesso em: 3 fev. 2024.

PARO, Vitor Henrique. **Administração escolar**: introdução crítica. 17. ed. São Paulo: Cortez, 2012.

PERES, Maria Regina. Novos desafios da gestão escolar e de sala de aula em tempos de pandemia. **Revista Administração Educacional**, Recife, v.11, n. 1, p. 20-31, jan./jun. 2020. DOI: 10.51359/2359-1382.2020.246089. Disponível em: https://periodicos.ufpe.br/revistas/index.php/ADED/article/view/246089/36575. Acesso em: 10 dez. 2023.

SANTANA FILHO, Manoel Martins. Educação geográfica, docência e o contexto da pandemia COVID-19. **Revista Tamoios**, v. 16, n. 1, 2020. DOI: 10.12957/tamoios.2020.50449. Disponível em: https://www.e-publicacoes.uerj.br/tamoios/article/view/50449. Acesso em: 5 fev. 2024.

SOUZA, Ângelo Ricardo de. **Perfil da gestão escolar no Brasil**. 2006. Orientador: José Geraldo Siveira Bueno. 2006. 333 f. Tese (Doutorado em Educação) – Pontifícia Universidade Católica de São Paulo, São Paulo, 2006. Disponível em: https://tede2.pucsp.br/handle/handle/10567. Acesso em: 10 dez. 2023.

SOUZA, Ângelo Ricardo de. A natureza política da gestão escolar e as disputas pelo poder na escola. **Revista Brasileira de Educação**, v. 17, p. 159-174, 2012.

VIEIRA, Sofia Lerche. Políticas e gestão da educação básica: revisitando conceitos simples. **Revista Brasileira de Política e Administração da Educação**, [S. l.], v. 23, n. 1, p. 53-69, jan./abr. 2007. DOI: 10.21573/vol23n12007.19013. Disponível em: https://seer.ufrgs.br/index.php/rbpae/article/view/19013/11044. Acesso em: 25 nov. 2023.

CAPÍTULO 2

TEMPOS PANDÊMICOS SOB O OLHAR DE DOCENTES E GESTORES: DIFICULDADES E DESAFIOS[4]

Augusta Boa Sorte Oliveira Klébis
Yoshie Ussami Ferrari Leite
Simone Conceição Pereira Deák
Mauricio Cesar Airolde
Tamara de Lima
Joane Vilela Pinto
Leny Rodrigues Martins Teixeira

Contextualizando a Pesquisa

Vivenciamos hoje uma crise educacional, agravada ainda mais com a pandemia de Covid-19, que trouxe inúmeras consequências ao cenário nacional, causando impactos econômicos e sociais com repercussão no atual contexto pós-pandêmico. Não podemos minimizar, acima de tudo, os impactos causados por essa pandemia na vida das pessoas, das famílias e em todo o cenário brasileiro, com o número que ultrapassa a triste e vergonhosa marca de 700 mil vidas interrompidas, segundo dados divulgados pelo Ministério da Saúde (Brasil, 2023).

A necessidade de isolamento e distanciamento social como medida de combate à disseminação do coronavírus exigiu que as escolas interrompessem as aulas presenciais. Essa nova realidade impôs desafios muito grandes às instituições escolares, especialmente às de educação básica, uma vez que seus gestores, professores e estudantes, de uma hora para outra, se viram diante de uma "nova" dinâmica na rotina escolar que os "obrigava" a fazer uso das aulas virtuais, por meio das mídias digitais, em todos os níveis de ensino, desde a educação infantil.

---

[4] Texto originalmente publicado em forma de artigo na *Revista de Educação, Ciência e Tecnologia de Almenara*, v. 6, n. 1, maio/ago. 2024. ISSN: 2674-9270.

Diante dessa mudança abrupta, há que se considerar a precariedade ou falta de formação docente adequada para o uso das novas tecnologias como estratégia de ensino ou recurso pedagógico nas instituições formadoras, bem como em ações de formação continuada. A esse respeito, Belloni (2009, p. 24) afirma que a incorporação das tecnologias de informação na prática docente não se dá apenas pela existência de recursos midiáticos na escola, outrossim assume ser de "fundamental importância promover espaços de formação docente que propiciem aos professores reestruturarem o seu fazer pedagógico, refletindo sobre o seu papel no processo de ensino e aprendizagem frente a uma sociedade tecnológica". Para Lucena, Santos e Mota (2020, p. 329), é necessário que as formações ofertadas aos docentes estejam muito além de treinamento e oficinas, de modo que "possibilitem ambiências formativas como espaços fecundos para reflexões críticas acerca das tecnologias móveis na educação". Corroborando essa ideia, Batista e Gonzales (2016, p. 2.167) reconhecem ser importante que os gestores compreendam que "inovar com o uso de tecnologias da informação e comunicação na educação não se reduz a introduzir essas ferramentas, mas pressupõe refletir sobre como elas podem ser dinamizadas para transformar qualitativamente as práticas correntes".

Imbernón (2010, p. 36) destaca que o uso das novas tecnologias de informação exige muitas mudanças para que possa realmente significar uma transformação e melhora na educação. Com relação a tais mudanças, o autor afirma que "muitas estão nas mãos dos próprios professores, que terão que redesenhar seu papel e sua responsabilidade na escola atual. Mas outras tantas escapam de seu controle e se inscrevem na esfera da direção da escola, da administração e da própria sociedade". Implica, sobretudo, um olhar criterioso das políticas de formação docente com relação à inclusão das novas tecnologias digitais, tanto na formação inicial como continuada de professores e gestores. Todavia, Francklin (2017, p. 46) afirma que muitas vezes as diversas tecnologias são inseridas como algo imposto aos docentes e ainda alerta para o fato de os discursos em defesa do seu uso nem sempre estarem "em consonância com os discursos que defendem melhores condições de trabalho para os docentes".

Com a pandemia, os problemas se intensificaram ainda mais, pois, aliada a essa falta de formação docente, um grande contingente de alunos, notadamente das escolas públicas, não dispunha dos recursos tecnológicos necessários ao ensino remoto, incluindo boas condições de acesso à internet. Nesse sentido, Oliveira Júnior *et al.* (2023, p. 199-200) ressaltam essa desigualdade social ao afirmarem que "os contrastes sociais são estampados entre o público e o privado, já que a maioria dos alunos matriculados nas unidades públicas de ensino teve disponível somente o telefone celular". Para os autores, evidencia-se a relação entre o acesso à internet de qualidade e renda como fator de exclusão de estudantes cujas famílias possuem baixo poder aquisitivo.

Há ainda que se considerar que muitas vezes as famílias não apresentavam condições de acompanhar a aprendizagem dos filhos e dar o apoio necessário em relação ao uso dos equipamentos tecnológicos, ou pela escassez de tempo, uma vez que a jornada de trabalho fora de casa os impedia, ou mesmo pelo desconhecimento de como lidar com as mídias digitais em um contexto pedagógico (Klébis; Ferreira Filho, 2022).

Obviamente, teve um peso relevante nos impactos causados pela pandemia o fato de o Brasil ser um país profundamente desigual, com grande número de crianças, jovens e adultos em situação de alta vulnerabilidade social e econômica, bem como a precariedade na área da saúde e a emergência de uma crise sanitária sem precedentes. Como se não bastasse, a crise culminou com um chefe da nação[5] que tornou ainda mais caótico o cenário pandêmico após se posicionar, veementemente, contra todas as medidas preventivas apontadas pela comunidade científica, com atitudes, no mínimo, irresponsáveis e de desprezo à vida humana.

Nesse sentido, Gatti (2020, p. 31) pondera que com o descompasso das políticas regionais e locais

> [...] sem uma articulação mais geral de governo, houve muita disparidade entre estados e municípios nas tomadas de decisões políticas relativas à saúde pública, com certo desencontro de ações, o que não deixou de causar agravantes para a situação geral social e educacional.

Ademais, concordamos com Magalhães e Ramos (2021) quando criticam a omissão do poder público em conduzir as estratégias da educação no período pandêmico, uma vez que o governo, nas esferas federal, estadual e municipal, acabou transferindo para as famílias a responsabilidade do provimento dos recursos tecnológicos necessários à implantação do ensino remoto. Da mesma forma, os autores ressaltam que "os professores também arcaram com esses custos e, mais ainda, com o ônus pela capacitação necessária à operação de novas ferramentas e modos de se promover o

---

[5] Jair Messias Bolsonaro, eleito presidente no mandato de 2019-2022 pelo Partido Liberal (PL).

ensino por meio de tecnologias disponíveis" (Magalhães; Ramos, 2021, p. 255). A despeito de tantas mazelas, professores e gestores tiveram que se reinventar e assumiram a tarefa de desenvolver o ensino remoto.

Passados quase dois anos de isolamento social e ensino remoto, em outubro de 2021, os alunos da rede estadual de São Paulo retornaram às aulas presenciais, ainda seguindo algumas medidas protetivas. Já no sistema municipal de Presidente Prudente/SP, esse retorno de 100% foi em fevereiro de 2022, conforme resolução da Secretaria Municipal de Educação (Seduc), tendo ocorrido de forma gradual a partir de agosto de 2021, com o estabelecimento dos protocolos de saúde - uso de álcool gel e máscaras, distanciamento social, dentre outros (Presidente Prudente, 2022).

Assim, este artigo teve como foco os desafios educacionais e dificuldades decorrentes da implantação do ensino remoto nas escolas. Definimos como objetivo realizar uma análise comparativa sobre as dificuldades sentidas durante a travessia da pandemia e os desafios frente ao retorno às aulas presenciais, reveladas por professores e gestores que atuam na educação básica do Sistema Municipal de Ensino do referido município.

O percurso metodológico

O artigo traz o recorte de uma pesquisa de abordagem qualitativa, realizada pelo Grupo de Pesquisa Formação de Professores, Políticas Públicas e Espaço Escolar (Gpfope), vinculado ao Programa de Pós-Graduação em Educação da Universidade Estadual Paulista (Unesp), câmpus de Presidente Prudente/SP. Em seu desenvolvimento, apresentamos uma análise comparativa das respostas dos professores e dos gestores, participantes da pesquisa, com o intuito de verificar os pontos congruentes e divergentes, ou até mesmo complementares, desses dois segmentos atuantes na escola, sobre as dificuldades e desafios educacionais na travessia da pandemia. Ressaltamos que na busca em periódicos no portal da Coordenação de Aperfeiçoamento de Pessoal de Nível Superior (Capes), utilizando as palavras-chave "pandemia", "educação básica", "ensino remoto" e "desafios", foram encontrados 79 artigos de periódicos diversos. No entanto, nenhum apresentava pesquisa realizada com professores e gestores que tivesse por objetivo comparar os impasses desses dois segmentos durante a pandemia.

A pesquisa teve como instrumento de coleta de dados um questionário on-line, que fez uso da ferramenta Google Forms, sendo um específico para os professores e outro para gestores do sistema municipal de ensino de Presidente Prudente. Seu objetivo central foi analisar diferentes aspectos do trabalho de professores e gestores no contexto da pandemia, considerando os muitos desafios que se impuseram neste período. Para tanto, ambos os formulários da pesquisa contemplavam questões objetivas e questões abertas, nas quais os gestores e professores poderiam expressar, de forma mais livre, seus sentimentos, dificuldades, expectativas e desafios vivenciados com o ensino remoto. Os referidos formulários foram respondidos por 483 professores e 66 gestores, no período de 19/07 a 23/09/2021.

A sistematização e análise dos dados obtidos pela equipe de pesquisadores envolvida nesse estudo gerou a publicação de um livro (Lima *et al.*, 2022), além do relatório de pesquisa final (Leite, 2023). Ambos se constituíram referências significativas na elaboração deste artigo.

Com relação aos dois questionários aplicados, foram selecionadas as questões que possuíam elementos que permitiram a análise comparativa proposta como objetivo deste artigo. Tais questões foram agrupadas por eixos e categorias para a realização da análise pretendida. Assim, as categorias foram organizadas em torno de cinco eixos: "Condições de saúde de professores e gestores"; "Formação específica e condições para o trabalho com o ensino remoto"; "Interação escola/família na pandemia"; "Dificuldades para a realização do ensino remoto"; "Desafios frente ao retorno às aulas presenciais".

Ressaltamos ainda que a pesquisa optou pelo anonimato dos participantes, cujas falas, identificadas neste artigo como Gestor ou Professor, estão acompanhadas do número correspondente que constou no respectivo questionário aplicado.

Breve perfil dos professores e gestores colaboradores da pesquisa

No que se refere ao perfil dos colaboradores, buscamos informações pessoais, como local de trabalho, função, gênero, faixa etária, estado civil e possíveis alterações nas condições financeiras provocadas pelo período pandêmico.

Entre os professores participantes, os dados da pesquisa revelaram que todos pertencem ao Sistema Municipal de Educação e uma pequena parcela de 3,3% acumula cargo na rede estadual de Educação. A grande maioria dos professores (98,3%) é do gênero feminino e um número expressivo (38,4%) encontra-se na faixa etária de 32 a 41 anos. Importante destacar que os professores mais jovens, entre 22 e 26 anos, são uma minoria de apenas 7,3%. Grande parte dos professores é casada ou vive em união estável (68,9%) e com 63,3% dos respondentes residem de 3 a 4 pessoas. Em relação à formação profissional, observou-se que 91,4% possuem licenciatura plena em pedagogia, 13,5% dos professores, além da pedagogia, cursaram mais uma graduação e apenas 2,5% concluíram o magistério, em nível médio. Constatamos ainda entre os professores que 2,5% são mestres e 0,2% são doutores.

Sobre os gestores, os dados da pesquisa demonstraram que todos (100%) atuam no sistema municipal de ensino de Presidente Prudente, sendo que a maioria (82,8%) atua em escolas administradas pelo município. Mais da metade (57,1%) ocupa a função de orientador pedagógico e 42,9% são diretores. Como ocorre na educação em escala nacional e estadual, o referido sistema municipal de ensino é composto, majoritariamente, por mulheres (95,5%), sendo que 66,7% são casadas. Quanto à faixa etária, os dados demonstram a distribuição dos diretores e orientadores em dois grandes grupos: aqueles que se encontram na faixa etária acima de 42 anos, perfazendo um total de 64,4%, e os que apresentam idade abaixo de 41 anos (35,6%). Podemos dizer que o grupo é, em grande parte, formado por profissionais com mais idade e experiência profissional. Todos eles possuem licenciatura plena em Pedagogia, 19,7% concluíram uma segunda graduação e 1,5%, o mestrado em Educação.

Quanto às alterações nas condições financeiras, 39% dos professores relataram que houve piora e, em porcentagem menor, 19,7% dos gestores também afirmaram que sofreram impacto financeiro no período pandêmico.

Apresentamos nas seções seguintes a análise comparativa sobre o que nos revelaram professores e gestores acerca das dificuldades no período pandêmico e os desafios com o retorno às aulas presenciais, considerando os eixos: "Condições de saúde de professores e gestores"; "Formação específica e condições para o trabalho com o ensino remoto"; "Interação escola/família na pandemia"; "Dificuldades para a realização do ensino remoto" e os "Desafios frente ao retorno às aulas presenciais".

Sobre as condições de saúde de professores e gestores

No primeiro eixo, "Condições de saúde de professores e gestores", definimos duas categorias: a) Impactos sobre a saúde mental e emocional de professores e gestores; b) Impactos sobre a saúde física de professores e gestores.

Vimos que, durante a pandemia, tanto os professores quanto os gestores foram muito afetados, em especial com relação à saúde mental e emocional. Isso pôde ser constatado ao responderem, objetivamente, se passaram por episódios de estresse e/ou ansiedade em razão da pandemia de Covid-19. Entre os professores, 87,4% responderam afirmativamente, enquanto 78,5% dos gestores declararam também ter passado por quadros de estresse, ansiedade e abalo emocional muito grande por perdas familiares. Em outra questão que objetivou saber se sofreram alterações nos padrões de sono, 78% dos professores e 67,2% dos gestores declararam que tiveram problemas de insônia. São muitas as queixas como a dos exemplos a seguir: "Perdi meu esposo, ele não sobreviveu à Covid-19, estou destruída" (Professor 127). *"Estamos vivendo um momento de muita pressão por parte do MP e Seduc para o retorno das aulas presenciais. Isso afeta diretamente nosso psicológico e nosso emocional"* (Gestor 27).

Guimarães (2021, p. 72) ressalta que não se trata de um fenômeno novo o denominado "mal-estar docente", caracterizado por elevados índices de estresse e ansiedade que os acometem, devido, em especial, às condições de trabalho adversas e à desvalorização da profissão. "No entanto, ele foi agravado pela sobrecarga de trabalho e pelo sentimento de incapacidade no uso obrigatório dos novos recursos tecnológicos impostos pela pandemia, aumentando ainda mais a frustração frente às políticas de precarização".

Quanto à saúde física, tivemos um percentual expressivo de 73,8% dos professores que afirmou ter passado por problemas alimentares e, em porcentagem menor, 62,5% dos gestores confirmaram a presença de alterações alimentares nesse período, apontando aumento de peso, náuseas e gastrite. Os dois grupos também relataram cansaço, esgotamento físico e aumento da pressão arterial.

Portanto, não podemos desconsiderar que a imposição do ensino remoto por meio de tecnologias digitais, com as quais a maioria não estava familiarizada, contribuiu para intensificação do adoecimento físico e mental (Andes, 2020). Além disso, a sobrecarga de trabalho ocorreu em "condições subjetivas desfavoráveis", uma vez que impôs aos docentes terem que conciliar o ensino remoto com os "afazeres domésticos e demandas familiares" (Andes, 2020, p. 12). Diante desse quadro, fica evidenciado o descaso das políticas públicas com o cuidado e a preservação da saúde física e mental de professores e gestores.

Formação específica e condições para o trabalho com o ensino remoto

No segundo eixo, "Formação específica e condições para o trabalho com o ensino remoto", temos as seguintes categorias: a) Formação específica para o ensino remoto; b) Recursos materiais para o ensino remoto; c) Condições e recursos materiais dos alunos para o ensino remoto; d) Orientações para o trabalho com o ensino remoto.

Em relação à "Formação específica para o ensino remoto", constatamos que 54,5% dos docentes tiveram formação específica ofertada pela escola, bem como buscada de forma independente; já 18,5% declararam que tiveram formação apenas ofertada pela escola. Sob outra perspectiva, somando-se esses dois percentuais, temos 73,4% que receberam formação por meio da escola, embora também a tivessem buscado de forma independente. Observamos ainda que 19,1% tiveram formação porque buscaram de forma independente da escola e um percentual bem menor (7,5%) afirmou não ter tido formação alguma para o trabalho remoto.

Quanto aos gestores, 72,3% responderam afirmativamente sobre a oferta de formação para o ensino remoto pela Seduc. Vimos que tiveram um percentual bem semelhante aos docentes que declararam ter contado com a escola para essa formação. Por outro lado, os 27,7% dos gestores que afirmaram não ter recebido formação específica foram buscá-la por iniciativa própria: pelas redes sociais, pesquisa na internet ou pela troca de informações entre colegas. É importante destacar que todos receberam ou tiveram a preocupação em buscar formação para o ensino remoto, diferentemente do que ocorreu com os docentes.

Os dados refletem a postura do gestor frente às exigências advindas com a implantação do ensino remoto. Nesse contexto, ele teve que administrar, segundo Peres (2020), além dos anseios e incertezas, o seu próprio despreparo e o despreparo dos docentes para o trabalho com as mídias digitais, bem como a inexistência ou precariedade de recursos tecnológicos com relação aos alunos e suas famílias. Os gestores ainda tiveram que lidar com o excesso de novas atribuições e atender a uma série de demandas burocráticas dos órgãos superiores com prazos exíguos. Na realidade, os gestores se encontram em uma arena de interesses, na maioria das vezes contraditórios, tendo que agir para responder exigências do poder público/secretaria de educação, que chegam de forma arbitrária, em detrimento aos interesses e demandas de alunos e professores (Silva; Oliveira, 2022). Nesse sentido, Saviani e Galvão (2021, p. 44) criticam a falta de abertura para a instauração de diálogos e debates, por meio dos quais poderiam surgir alternativas pensadas coletivamente e que apontassem para a busca de "medidas qualificadoras da educação em tempos de pandemia".

No tocante aos "Recursos materiais para o ensino remoto", professores e gestores foram questionados sobre como tais materiais foram adquiridos. Com uma porcentagem significativa de 86,9%, os professores afirmaram ter utilizado de recursos próprios para a compra dos materiais e equipamentos. Em um percentual menor, 75,8% dos gestores declararam também ter utilizado dinheiro próprio na aquisição dos recursos tecnológicos. Diante disso, é pertinente a crítica de Guedes, Rosa e Anjos (2021, p. 139) sobre o fato de os professores, assim como os gestores, terem sido obrigados, na crise pandêmica, a "dispor de equipamentos pessoais e arcar com despesas adicionais necessárias para realizar o próprio trabalho em domicílio, sem nenhuma contrapartida do Estado".

Com relação às "Condições dos alunos para o ensino remoto", buscou-se saber se houve algum levantamento prévio sobre os recursos com os quais os estudantes contavam. Notamos uma discrepância entre professores e gestores, uma vez que 81,8% dos docentes declararam ter havido a pesquisa, enquanto apenas 46,2% dos gestores confirmaram a sua realização pela Seduc. Da mesma forma, é bem visível a discrepância de respostas quando 53,8% dos gestores afirmaram que não houve, por parte da Seduc, a preocupação em saber as condições dos alunos para o trabalho remoto e apenas 18,2% dos professores disseram não ter havido esse levantamento. O que podemos inferir é que a discrepância se encontra no fato de que na questão dirigida aos professores a Seduc não foi incluída, tendo sido considerado por eles apenas o levantamento de condições dos alunos realizado pela escola e por iniciativa dos gestores.

Não se pode negar, todavia, que os dados demonstram o descaso das políticas públicas e dos órgãos superiores com a educação e a inclusão social, ao ter fechado os olhos para a realidade de exclusão digital de grande parte dos estudantes da escola pública, intensificada ainda mais com a pandemia. Cabe aqui um questionamento: Como uma Secretaria de Educação pensou em organizar o ensino remoto sem conhecer quais as condições e recursos tecnológicos os estudantes dispunham em suas casas para esse "novo" ensino?

Quanto às "Orientações para o trabalho com o ensino remoto", observou-se que as questões dirigidas aos professores estavam relacionadas às recebidas pela equipe gestora da escola e as questões dos gestores eram referentes às orientações da Seduc. A primeira questão era aberta e os professores e gestores deveriam relatar o tipo de orientações que receberam.

Tivemos um total de 83,6% dos docentes que responderam a essa questão e 16,3% que deixaram em branco, podendo-se inferir que estes não receberam orientações ou que elas não foram a contento. Dentre os respondentes, 21,2% afirmaram ter recebido orientações didáticas para o planejamento das atividades: *"A gestão acompanha e orienta a elaboração das atividades, realiza apontamentos e melhoramentos nos planejamentos semanais"* (Professor 324). Com um percentual de 12,9%, os professores apontaram ter recebido orientações da equipe gestora sobre o uso de ferramentas tecnológicas e procedimentos para as aulas remotas: *"Formação e orientações com relação ao uso da plataforma virtual utilizando Google Classroom, Google Meet. Organização das atividades remotas (objetivos, estratégias)"* (Professor 226). Já 12,4% dos respondentes destacaram as orientações sobre como organizar atividades que estivessem de acordo com a realidade dos alunos e suas famílias, como nos mostra excerto a seguir:

> *Somos orientadas a elaborar atividades que estimulem a criatividade, imaginação, linguagem verbal, interação entre as crianças e adultos do seu meio familiar. Enfim, através delas damos continuidade ao que é trabalhado na escola, sempre levando em conta a realidade de cada família, suas dificuldades, recursos materiais etc.* (Professor 30).

No tocante aos gestores, todos responderam à questão, sendo que 67,6% afirmaram ter recebido, por parte da Seduc, orientações para o trabalho com o ensino remoto nas escolas; 30% declararam que receberam orientação às vezes e 3% disseram não ter recebido nenhuma orientação.

Cabe aqui observar a porcentagem significativa de gestores que ressaltaram que as orientações recebidas não ocorreram com a frequência desejada.

Os gestores que afirmaram ter recebido orientações da Seduc especificaram quais foram elas. Assim, 32,8% se referiram a orientações sobre suporte técnico para utilização de recursos, ferramentas digitais, realização de aulas síncronas e tutoriais; 29,7% mencionaram orientações sobre a realização do trabalho remoto e tipos de atividades a serem postadas. Diferentemente dos docentes, as orientações recebidas pela Seduc tinham mais um cunho técnico, em detrimento do didático pedagógico, e que podemos observar no exemplo:

> *Sempre por meio de resoluções ou comunicados foram orientando sobre a plataforma digital as atividades a serem postadas, a quantidade de atividades e também orientando sobre o uso das ferramentas digitais, como uso do Google Meet, gravação de vídeos etc.* (Gestor 31).

Com relação aos 30,3% dos gestores que mencionaram ter recebido orientações da Seduc apenas "às vezes", as justificativas se referiam à forma como foram repassadas e a sua efetiva utilidade, conforme observamos nas falas: *"As orientações, a meu ver, sempre chegaram atrasadas e de forma mal elaboradas"* (Gestor 41). Ou ainda: *"Respondi 'às vezes' na questão anterior porque senti falta de uma formação mais efetiva, tanto no início do trabalho, quanto no decorrer do processo. Me senti insegura em vários momentos diante de informações desencontradas"* (Gestor 33).

Interação escola/família no contexto da pandemia

Em relação ao eixo "Interação escola/família na pandemia" vimos que professores e gestores enfrentaram muitas dificuldades e fizeram uso de diversas estratégias para manter o contato com os alunos. Dentre as estratégias utilizadas, as tecnologias digitais tiveram um destaque relevante pela necessidade do distanciamento social. Contudo, muitas famílias não possuíam os recursos tecnológicos adequados e necessários para que tal interação ocorresse, somando-se ainda a dificuldade para lidar com as ferramentas digitais e a disponibilidade de tempo devido à jornada de trabalho dos pais e responsáveis.

Silva e Ciavatta (2022) ressaltam que a privação tecnológica, consequência de uma estrutura social desigual, no contexto da pandemia, atingiu de forma contundente a população mais pobre, sendo fator que impactou a exclusão escolar de crianças e jovens. Para os autores, eram poucos os alunos das escolas públicas que "tinham acesso aos equipamentos digitais e à internet de qualidade, que poderiam facilitar o contato entre a escola e família" (Silva; Ciavatta, 2022, p. 2.500).

Uma ferramenta muito utilizada para promover a interação entre os alunos e apontada por 97,5% dos professores foi o Ambiente Virtual de Aprendizagem por meio da plataforma Google Classroom. O uso de aplicativos como Whatsapp foi o segundo recurso mais utilizado (93,6%), provavelmente por ser uma opção mais acessível e de rápido retorno. Já as aulas on-line utilizando as ferramentas Google Meet e Zoom foram mencionadas por 84,1% dos docentes e 67,7% afirmaram que fizeram uso de ligações telefônicas.

Quanto aos gestores, no que diz respeito aos recursos para estabelecer comunicação com as famílias, 100% dos respondentes destacaram que utilizaram principalmente as mensagens por aplicativos, 96,9% apontaram os ambientes virtuais de Aprendizagem e 95,4% fizeram uso das ligações telefônicas.

Mesmo utilizando várias estratégias, é preocupante o fato de 68,1% dos professores terem respondido que enfrentaram dificuldades para contatar alunos e responsáveis. Por outro lado, em porcentagem menor, 31,9% afirmaram que não tiveram dificuldades. Os professores que afirmaram ter encontrado dificuldades explicitaram os problemas para o contato com alunos e responsáveis. Constatamos em 45,4% de suas respostas o fato de os pais não responderem às mensagens de aplicativos ou mesmo não atenderem às ligações: *"Muitas vezes o responsável não atende o telefonema, a chamada de vídeo, nem responde às mensagens, simplesmente nos ignora"* (Professor 9); ou ainda: *"As famílias não comparecem quando são convocadas, não respondem mensagens do WhatsApp e não atendem ligação da escola"* (Professor 55).

Ainda nessa questão, 16,9% dos professores apontaram como dificuldades na interação com as famílias a falta de retorno/devolutiva das atividades, o horário de trabalho dos pais, a dificuldade das famílias em buscar as atividades impressas na escola, a não participação nas aulas on-line, o fato de, por motivos diversos, não acessarem o Google Classroom.

Nas respostas dos professores percebemos que o problema em estabelecer contato com alunos e familiares não ocorreu apenas pela dificuldade em lidar com as aulas remotas e os recursos tecnológicos, mas também em virtude de suas reais condições de vida. A pandemia impôs uma alternativa de ensino e aprendizagem não acessível nas mesmas condições a todos e, assim, considerando a nossa realidade, se reafirma a importância do ensino presencial, que não era possível naquele momento.

Dificuldades dos docentes e gestores para a realização do trabalho remoto

Ao serem questionados sobre as dificuldades que enfrentaram para realizar o trabalho no ambiente doméstico, 35,1% dos professores apresentaram os obstáculos que sentiram relacionados ao envolvimento da família (falta de tempo, falta de interesse, de recursos e de devolutiva):

> *O maior desafio é conscientizar as famílias da importância de se realizar as atividades, e a importância de se ter o vínculo escolar."* (Professor 48); *"A falta de recurso da família: não tem acesso à internet, celular incompatível, falta de tempo do adulto para acompanhar a criança"* (Professor 368).

Para 20% dos professores a dificuldade maior estava na falta de participação regular dos alunos e em verificar se a aprendizagem ocorreu; outros 13,1% apresentaram como dificuldade a adequação das atividades e conteúdos de forma remota, considerando o tempo, nível de aluno, recursos e o modo acessível aos pais. Os professores explicitaram essa angústia em algumas de suas falas: *"As dificuldades são muitas, mas a principal é que pelas devolutivas enviadas não consigo acompanhar, de fato, o desenvolvimento das crianças, nem sempre tenho certeza se as atividades de fato estão colaborando para seu desenvolvimento"* (Professor 68); *"A maior dificuldade é conseguir que todos os alunos estejam participando ativamente das atividades remotas (seja na plataforma ou impressa) e aulas síncronas"* (Professor 272).

A falta de recursos tecnológicos, problemas de manuseio das tecnologias foram relatados por 10,8% dos docentes; distanciamento e falta de interação social, bem como a dificuldade na mediação do ensino remoto compareceram em 5,4% das respostas. Também tivemos 3,3% que se queixaram da sobrecarga de trabalho e dificuldade em conciliá-lo com a vida doméstica, incluindo gastos financeiros.

Já entre os gestores, em 17,8% de suas respostas evidenciaram os recursos tecnológicos insuficientes e infraestrutura precária como a principal dificuldade para o desenvolvimento dos trabalhos na escola, conforme denotam em suas falas: *"Falta de recursos para melhorar as condições de infraestrutura da escola"* (Gestor 27); e ainda *"Internet precária, oscila sinal de conexão numa chamada de vídeo, ou numa videoconferência. Isso torna a comunicação mais escassa"* (Gestor 55).

Em segundo lugar, de acordo com 16,7% dos gestores, a pressão e ineficiência da Seduc foi o problema que mais dificultou os trabalhos na escola, conforme o relato a seguir:

> *Se relaciona aos órgãos superiores que não convivem diariamente em ambiente escolar; existe uma demanda muito grande de exigências (relatórios, documentos, orientações, formações fora de contexto); em especial, uma demanda exaustiva de serviço para os professores, cuja única ligação com esses órgãos superiores, são os gestores, a quem cabe apenas cumprir aquilo que é posto pelos superiores* (Gestor 48).

A falta de cooperação das famílias também foi apontada por 15,6% dos gestores como uma das principais dificuldades enfrentadas na pandemia. A sobrecarga do trabalho imposta aos gestores, que se intensificou ainda mais com a pandemia, esteve presente em 12,2% das respostas, assim como as dificuldades geradas pelo distanciamento social que também foram citadas por 12,2%. Outras dificuldades como falta de funcionários e o despreparo para novas demandas compareceram como preocupação para 7,9% dos gestores.

Assim, podemos inferir que as maiores dificuldades dos gestores ocorreram devido ao descaso e à falta de planejamento do poder público, visto que se referem às áreas que competem ao governo municipal: recursos tecnológicos e infraestrutura precária das escolas, pressão e ineficiência da Seduc e falta de funcionários e seu despreparo, dificultando, sobremaneira, a organização das atividades de ensino.

Vimos ainda que os docentes, ao contrário dos gestores, tiveram um olhar mais voltado para as questões pedagógicas, uma vez que, ao relatarem suas dificuldades, apresentaram uma porcentagem significativa relacionada à preocupação com o envolvimento da família na aprendizagem dos alunos, com a participação dos alunos nas plataformas digitais, com verificação da aprendizagem e adequação dos conteúdos.

No tocante à queixa sobre a falta de cooperação das famílias, que aparece em primeiro lugar na lista de dificuldades dos professores e em terceiro lugar na lista dos gestores, concordamos com Guedes, Rosa e Anjos (2021), ao ressaltarem que não cabe, uma vez mais, culpabilizar a família pelos problemas e fragilidades do ensino remoto. Há que se considerar o peso de determinados fatores presentes no cotidiano das famílias como a falta de

> [...] disponibilidade de tempo, conhecimentos pedagógicos mínimos, equipamentos suficientes para disponibilizarem aos filhos, e capacidade psicológica e equilíbrio emocional para manter a motivação dos educandos, quando em casa falta até a alimentação para o sustento (Guedes; Rosa; Anjos, 2021, p. 139).

Desafios para professores e gestores frente ao retorno das aulas presenciais

Os professores e gestores explicitaram em suas falas os vários e diversos desafios com o retorno às aulas presenciais, após quase dois anos de distanciamento social e ensino remoto. Não se pode desconsiderar, conforme ressalta Bessa (2021), que embora o ensino remoto tenha sido uma alternativa necessária para se conter a crise pandêmica, a forma como foi implantado trouxe consequências desastrosas, mais especificamente, para os alunos das escolas públicas, suas famílias e equipes das escolas, dentre as quais:

> [...] a evasão escolar, ansiedade e desmotivação dos estudantes e seus responsáveis, preocupações dos professores em manter seus empregos, cumprir os dias letivos, cumprir com êxito os conteúdos prescritos no currículo, bem como ofertar um ensino de qualidade (Bessa, 2021, p. 185).

Com relação aos desafios da escola para o retorno às aulas presenciais, observamos que 25,9% das respostas dadas pelos gestores e 26,4% das respostas dos professores manifestaram a preocupação com as dificuldades em manter o distanciamento social com os alunos. É compreensível que essa dificuldade tenha ocupado o primeiro lugar entre as citadas tanto pelos gestores quanto pelos professores, uma vez que o número expressivo de alunos nas salas de aula dificultava o cumprimento desse protocolo. A mesma dificuldade se repetia nos horários de entrada e saída dos períodos, bem como nos intervalos das aulas, quando os alunos precisavam se acomodar no refeitório para o momento da merenda escolar.

Outro desafio da escola observado por 18,6% dos professores e 15,4% dos gestores diz respeito à falta de funcionários no atendimento às novas demandas. Isso porque precisariam da atuação desses profissionais na organização da entrada e saída dos alunos, nos cuidados durante o intervalo, visando sempre o cumprimento dos protocolos sanitários, além da limpeza e higienização de todos os ambientes da escola para combater a disseminação do vírus.

A falta de recursos materiais compareceu em 10,2% das respostas dos professores e em 9,1% das respostas dos gestores. Nessa mesma direção, a inadequação na estrutura física da escola foi mencionada por 9,5% dos docentes e 9,1% dos gestores. Tanto os recursos materiais quanto a estrutura física da escola se configuram como itens de suma importância para que, com o retorno às aulas presenciais, fossem cumpridos os protocolos de prevenção à Covid-19. Da mesma forma, a importância dos recursos didáticos e tecnológicos para a adequação do ensino e aprendizagem à nova realidade. No entanto, os professores relataram que nas escolas se depararam com a *"Falta de ambiente adequado e ventilado. Falta de internet e equipamentos para todos os professores"* (Professor 255); se queixaram também das *"salas de aula sem janelas, com baixa ventilação, abafadas e quentes (já era problema sem pandemia. Agora só piorou a situação)"* (Professor 367); e ainda *"com a falta de materiais individuais para alunos (jogos pedagógicos, lápis de cor, borracha)"* (Professor 398).

Tais desafios são também reafirmados pelos gestores. Convém destacar que, para os gestores, os desafios tinham maior relação com a previsão de recursos financeiros necessários para a adequação física e material das escolas. Vimos que mais da metade dos gestores (53,2%) respondeu que havia a previsão de recursos, porém insuficientes. Esse percentual se amplia ainda mais se acrescentarmos os 12,9 % de gestores que apenas declararam que tais recursos eram insuficientes ou precários, perfazendo uma porcentagem bastante preocupante de 61,2% dos gestores, levando-nos a inferir que a previsão dos recursos não era coerente com as necessidades e demandas da escola.

Os professores e gestores mencionaram ainda os desafios que eles, no exercício da docência e da gestão, respectivamente, teriam que enfrentar com o retorno às aulas presenciais. Nesse sentido, apresentaram alguns pontos em comum, sendo que 51,7 % dos professores e 20% dos gestores reafirmaram a questão do distanciamento e demais protocolos de segurança sanitária. Já a falta de funcionários comparece como um desafio em 15,3% dos gestores e em apenas 2,4% dos professores. O medo, a insegurança e a ansiedade diante do quadro pandêmico foram citados por 7,2% dos professores e lidar com questões emocionais de professores, estudantes e familiares se constituiu como desafio para 11,8% dos gestores. Inadequação dos espaços e falta de recursos materiais se apresentaram em 11,8% das respostas dos gestores e em 6,1% na dos professores. Outro ponto comum, mencionado por 11,8% dos gestores e 2,8% dos professores, se relaciona à falta de apoio e conscientização das famílias. Observou-se que os desafios em relação à aprendizagem do aluno foram relatados em 11,8% das respostas dos gestores, sendo que a adaptação à nova rotina escolar, de forma a conciliar os diferentes níveis de aprendizagem comparece em 9,2% das respostas dos professores.

Entre os professores e gestores, os desafios em relação ao retorno às aulas presenciais foram marcados pelo medo, a insegurança e a ansiedade diante do quadro pandêmico, da precariedade de recursos e da sobrecarga de trabalho ocasionada pelo ensino híbrido, já que o retorno ocorreu de forma escalonada e gradual, exigindo mais tempo para a organização e planejamento de suas aulas. Segundo Bessa (2021), a grande maioria dos professores teve a carga horária de trabalho aumentada, sem ter um horário definido para início e término. Os professores e gestores também sofreram com a insegurança trabalhista e sanitária. O medo de perder o emprego, ficar sem renda e o medo da morte, sua e de familiares, promoveram um intenso desgaste emocional e sofrimento psicológico nesses profissionais.

Para Gatti (2020, p. 35), vários aspectos deveriam envolver o retorno às aulas presenciais dentre os quais o cuidado em "não cair no risco de tomar decisões por razões de modismo, de custo ou lucros". A autora ainda ressalta ser preponderante o planejamento flexível e local, que considere as necessidades da escola, privilegiando formatos participativos que propiciem atitudes de compartilhamento e escuta.

Considerações finais

Por meio deste capítulo buscamos trazer para discussão as dificuldades e desafios educacionais que gestores e professores vivenciaram e vivenciam no cotidiano da escola e que se agudizaram ainda mais durante a crise pandêmica da Covid-19, com a exigência do distanciamento social e implantação do ensino remoto. Para tanto, procuramos por meio de uma análise comparativa identificar os pontos comuns, divergentes ou complementares que permeiam o olhar de professores e gestores sobre os impasses vivenciados na travessia da pandemia.

Foram muitos e de uma diversidade considerável os desafios e dificuldades presentes nas falas dos docentes e gestores participantes da pesquisa. Falas que, obrigatoriamente, nos levam a refletir sobre políticas e ações que sejam capazes de superar os impasses educacionais, intensificados ainda mais pelos impactos que a crise pandêmica deixou. Desafios que, segundo Giroux e Proasi (2020), não podem ser desvinculados dos anos de negligência de governos neoliberais que negaram a importância da saúde pública e do bem-estar comum. Também não podem ser dissociados das crises da desigualdade social, dos valores democráticos, da educação e da degradação ambiental.

Vimos que nada foi fácil, pois não houve tempo para adaptação à nova realidade, e os professores e gestores se utilizaram, muitas vezes, de mecanismos de improvisação diante da precariedade de recursos, assim como tiveram que correr atrás do preparo exigido, em função da mudança abrupta com a instituição do ensino remoto no período pandêmico. Convém lembrar que tanto professores quanto gestores, em grande parte, tiveram que arcar com os custos dos recursos tecnológicos utilizados para o trabalho no ambiente doméstico, além da recorrente sobrecarga de trabalho pelo acúmulo de funções. Tiveram, também, a saúde impactada devido à tensão constante com a imprevisibilidade do ensino remoto e do retorno às aulas presenciais sem a garantia de cumprimento das medidas sanitárias para contenção da Covid-19. Dessa forma, o medo, a insegurança, a ansiedade, a insatisfação, o sentimento de impotência e a depressão passaram a fazer parte do cotidiano dos docentes e gestores.

Evidenciou-se ainda nas falas dos docentes e gestores a falta de cooperação da família que se configurou como um dos principais desafios a ser superado, necessitando passar por um processo de discussão e reflexão, com toda a equipe escolar, "para que a parceria escola-família avance, de forma a considerar também os limites de ação das famílias" (Leite, 2023, p. 65).

Não podemos deixar de destacar também outros desafios importantes levantados por docentes e gestores, como o descaso do poder público em garantir os recursos tecnológicos e infraestrutura necessária ao atendimento das demandas atuais, aliado à falta de funcionários, com sérias implicações para a organização da rotina escolar. Ademais, a Seduc não demonstrou interesse sobre as reais condições das escolas, dos gestores, dos docentes e dos alunos para o desenvolvimento, minimamente satisfatório, do ensino remoto. Tais dados expressam o quanto o trabalho dos gestores tem sido dificultado pelo descaso, a ausência de apoio e a falta de planejamento de ações dos órgãos superiores.

Convém ressaltar que a análise das respostas dos gestores e professores acerca da imposição do ensino remoto, a despeito de todas as adversidades vivenciadas nesse período, explicitou um esforço coletivo, por parte da equipe escolar, pautado pelo compromisso com os alunos, no sentido de buscar superar ou minimizar as diversas barreiras que afetaram, de forma intempestiva, o processo de ensino aprendizagem. Especialmente, demonstraram uma postura determinante para evitar a evasão de alunos e a não participação nas aulas remotas.

Em suas respostas, os professores e gestores apresentaram elementos significativos para refletirmos sobre o que aprendemos com a pandemia, que futuro queremos para nossas escolas, que tipo de sociedade vislumbramos para as novas gerações, como superar tanta desigualdade social e desrespeito à vida humana. Sobretudo, corroborando Klébis e Ferreira Filho (2022), será preciso muito cuidado para que nosso olhar diante das mazelas vivenciadas nessa pandemia não se torne míope e nos impeça de enxergar que os alunos e suas famílias, assim como professores e gestores, são vítimas desse sistema capitalista perverso e desigual, portanto, apontar um ou outro como o culpado não é a saída, uma vez que corremos o risco de não encontrarmos as verdadeiras possibilidades de luta por uma educação de melhor qualidade para todos, em especial aos que frequentam a escola pública.

Referências

ANDES – Sindicato Nacional dos Docentes das Instituições de Ensino Superior. Ensino remoto em substituição ao presencial? Tô fora! **InformAndes**. Informativo n. 106, jul. 2020. Disponível em: https://www.andes.org.br/img/midias/750baf505abe750a87729de257316e06_1596736630.pdf. Acesso em: 10 set. 2023.

BATISTA, Fátima da Silva; GONZALES, Wânia Regina Coutino. O uso das tecnologias da informação e comunicação (TICS) e as escolas de referência gestão.

Rev. Ibero-Americana de Estudos em Educação, v. 1, n. 4, p. 2159-2173, 2016. DOI: https://doi.org/10.21723/riaee.v11.n4.8316.

BELLONI, Maria Luiza. **O que é mídia-educação?** 3. ed. Campinas: Autores Associados, 2009.

BESSA, Sônia. Professores em tempos de pandemia: percepções, sentimentos e prática pedagógica. **Rev. Devir Educação**, Edição Especial, p. 183-205, 2021. Disponível em: http://devireducacao.ded.ufla.br/index.php/DEVIR/article/view/410/225. Acesso em: 21 ago. 2023.

BRASIL. Ministério da Saúde. **Brasil chega à marca de 700 mil mortes por Covid-19.** Brasília, Ministério da Saúde, 28 mar 2023. Disponível em: https://www.gov.br/saude/pt-br/assuntos/noticias/2023/marco/brasil-chega-a-marca-de-700-mil-mortes-por-covid-19 Acesso em: 25 jul. 2023.

FRANCKLIN, Adelino. O trabalho docente na rede pública estadual mineira em face dos discursos sobre as tecnologias educacionais. **Rev. Ead & Tecnologias Digitais na Educação**, v. 5, n.7, p. 40-52, 2017. Disponível em: https://ojs.ufgd.edu.br/index.php/ead/article/view/6637/4067 Acesso em: 18 jul. 2023

GATTI, Bernadete. A possível reconfiguração dos modelos educacionais pós-pandemia. **Estudos Avançados,** v. 34, n. 100, p. 29-42, 2020. DOI: https://doi.org/10.1590/s0103-4014.2020.34100.003.

GIROUX, Henry; PROASI, Laura. La Pandemia de Covid-19 está exponiendo la plaga del Neoliberalismo. **Praxis Educativa,** v. 24, n. 2, p. 1-13, 2020. DOI: https://dx.doi.org/10.19137/praxiseducativa-2020-240202.

GUEDES, Marilde. Queiroz; ROSA, Eliara. Marli; ANJOS, Ana Paulo Souza do Prado. Gestão Escolar: novos desafios e perspectivas frente à pandemia. **Rev. Humanidades & Inovação,** v. 8, n. 61, p. 130-144, 2021. Disponível em: https://revista.unitins.br/index.php/humanidadeseinovacao/article/view/4106. Acesso em: 20 ago. 2023

GUIMARÃES, Lislaine Mara da Silva. **O ensino remoto emergencial e o mal-estar docente:** uma análise dos seus impactos sobre as condições de trabalho dos professores de sociologia no Estado do Paraná diante da pandemia de Covid-19. 2021. 115 p. Dissertação (Mestrado Profissional em Sociologia). Setor de Ciências Humanas, Universidade Federal do Paraná, Curitiba, 2021. Disponível em: https://acervodigital.ufpr.br/xmlui/bitstream/handle/1884/71453/R%20-%20

D%20-%20LISLAINE%20MARA%20DA%20SILVA%20GUIMARAES.pdf?sequence=1&isAllowed=y. Acesso em: 18 jul. 2023.

IMBERNÓN, Francisco. **Formação docente e profissional**: formar-se para a mudança e a incerteza. 7. ed. São Paulo: Cortez, 2010.

KLÉBIS, Augusta Boa Sorte Oliveira; FERREIRA FILHO, João. Percepção das professoras acerca das condições de acesso e realização das atividades remotas pelos estudantes. *In:* LIMA, Tamara; LEITE, Yoshie Ussami. Ferrari Leite; PINTO, Joane Vilela.; TEIXEIRA, Leny Rodrigues Martins. (org.). **Ensino remoto e os desafios da docência em tempos de pandemia**. Curitiba: Appris, 2022.

LEITE, Yoshie. Ussami Ferrari. (coord.). **Ensino Remoto e os desafios da Gestão Escolar em Tempos de Pandemia**. Relatório Final de Pesquisa. Unesp, Presidente Prudente/SP, 2023.

LIMA, Tamara; LEITE, Yoshie Ussami Ferrari.; PINTO, Joane Vilela.; TEIXEIRA, Leny Rodrigues Martins. (org.). **Ensino remoto e os desafios da docência em tempos de pandemia**. Curitiba: Appris, 2022.

LUCENA, Simone; SANTOS, Sandra Virginia Correia Andrade; MOTA, Gersivalda Mendonça da. Formação Continuada de Professores com as Tecnologias Móveis Digitais. **Educação em Foco**, v. *25*, n. 2, p. 315-338, jan./abr. 2020. Disponível em: https://periodicos.ufjf.br/index.php/edufoco/article/view/30440. Acesso em: 15 ago. 2023.

MAGALHÃES, Jonas Emanuel Pinto; RAMOS, Marise Nogueira. Saberes e conhecimentos na educação pós-pandemia: uma construção necess**ária**. **Rev. Org. & Demo.**, v.22, n.2, p. 245-268, jul./dez. 2021. DOI: https://doi.org/10.36311/1519-0110.2021.v22n2.p245-268.

OLIVEIRA JÚNIOR, Israel de; RIBEIRO, Marcelo Silva de Souza.; PEREIRA, Anderson de Jesus; SANTOS, Kezia Andrade dos. Educação pública, acesso às tecnologias digitais e ao ensino remoto na pandemia da Covid-19. **Rev. Geografares**, v. 3, n. 36, p. 189-215, jul./dez. 2023. DOI: https://doi.org/10.47456/geo.v3i36.40047.

PERES, Maria Regina. Novos desafios da gestão escolar e de sala de aula em tempos de pandemia. **Rev. Administração Educacional**, v. 11, n. 1, p. 20-31, jan./jun. 2020. DOI: https://doi.org/10.51359/2359-1382.2020.246089.

PRESIDENTE PRUDENTE. **Resolução 02 de 09 de fevereiro de 2022.** Estabelece diretrizes e organiza o atendimento presencial e as providências correlatas quanto às questões sanitárias e epidemiológicas na Rede Pública Municipal de Ensino. Presidente Prudente: Secretaria Municipal de Educação, 2022. Disponível em: https://gdoe.nyc3.digitaloceanspaces.com/diarios/presidenteprudente/6203a47bb298c.pdf. Acesso em: 20 jun. 2023

SAVIANI, Dermeval; GALVÃO, Ana Carolina. Educação na Pandemia: a falácia do "ensino" remoto. Covid-19: trabalho e saúde docente. **Rev. Universidade e Sociedade**, Andes-SN, v. XXXI, n. 67, p. 36-49, 2021. Disponível em: https://www.andes.org.br/img/midias/0e74d85d3ea4a065b283db72641d4ada_1609774477.pdf. Acesso em: 22 ago. 2023.

SILVA, Flávia Gonçalves da; CIAVATTA, Maria. A Escola em tempos de Pandemia: Desamparo, fome e privação tecnológica. **Rev. Ibero Americana de Estudos em Educação**, v 17, n. 4, p. 2494-2512, out./dez. 2022. https://doi.org/10.21723/riaee.v17i4.16730

SILVA, Reginaldo do Socorro Martins da.; OLIVEIRA, Ney Cristina Monteiro de. Gestão Escolar e Pandemia da Covid-19: a atuação do gestor escolar na reorganização da escola básica na Amazônia paraense. **Conjecturas**, v. 22, n. 4, p. 30-51, 2022. https://doi.org/10.53660/CONJ-672-712

CAPÍTULO 3

PROFESSORES QUE NOS ATRAVESSAM: TRAJETÓRIA DE VIDA-FORMAÇÃO DE UMA PROFESSORA DE HISTÓRIA[6]

Tamara de Lima
Amarilis Costa da Silva
Yoshie Ussami Ferrari Leite

Professores que nos atravessam, professores atravessadores

Na nossa imaginação ela entrava voando pela sala...
(como um anjo)
...e tinha estrelas no lugar do olhar.

Tinha voz e jeito de sereia...
...e vento o tempo todo nos cabelos (na nossa imaginação).

Seu riso era solto como um passarinho.
Ela era uma professora inimaginável.

Para os meninos ela era uma artista de cinema.
Para as meninas, a Fada Madrinha.

(Ziraldo, Uma professora muito maluquinha)

A "professora maluquinha", uma das personagens do escritor Ziraldo, é um exemplo, entre muitos presentes na literatura e/ou no cinema, de professores *inimagináveis*, que passaram pelas nossas vidas e nos deixaram marcas. Na linguagem figurada do escritor, referindo-se ao imaginário infantil, professores que eram "como anjos, com voz e jeito de sereia,

---

[6] Texto originalmente publicado em forma de artigo na *Revista Brasileira de Pesquisa (Auto) Biográfica*, Salvador, v. 8, n. 23, p. 1-15, e1120, 2023.

artistas de cinema ou fadas madrinhas". Esses professores fazem parte das experiências vivenciadas durante nossa trajetória de vida-formação. Mas não a experiência no sentido daquilo que se passou ou aconteceu, e sim do que "nos passou, nos aconteceu e nos tocou" (Larrosa Bondía, 2002). Portanto, *professores que nos atravessam*, nos transpassam, nos trespassam e, ao fazê-lo, deixam suas marcas, *professores atravessadores*.

A nossa trajetória de escolarização-formação é longa, muitos professores passam por nós, mas nem todos nos atravessam e deixam suas marcas e, ainda, não são todas as marcas que nos deixam memórias positivas. Entre os indivíduos que se tornaram e são professores, isso significa uma vida inteira experienciando o espaço escolar e convivendo com outros professores. À máxima de que "o professor é o profissional que nunca saiu da escola" acrescentamos: "o professor é o profissional que nunca deixou de conviver com outros professores".

Os professores que nos atravessam, ao deixarem suas marcas, vão constituindo o professor-pessoa que somos. Influenciam a nossa maneira de ser e estar na profissão, uma vez que vida e profissão estão necessariamente imbricadas, sendo impossível a separação das dimensões pessoais e profissionais do professor: "é que ser professor obriga a opções constantes, que cruzam a nossa maneira de ser com a nossa maneira de ensinar; e que desvendam na nossa maneira de ensinar a nossa maneira de ser" (Nóvoa, 2007, p. 10).

Ao discorrer sobre o trabalho docente, Arroyo (2000) faz uso da expressão "ofício de mestre" em referência a uma das atividades humanas mais antigas, carregada de uma longa memória. Ele explica que o termo "ofício" faz referência a um passado artesanal, sendo que "[...] há constantes no fazer educativo que não foram superadas, mas antes incorporadas, mantidas pela moderna concepção da prática educativa" (Arroyo, 2000, p. 18). O autor defende que o saber-fazer dos mestres da educação de outrora deixou suas marcas em nós, professores do presente, ou seja, somos detentores da herança de um saber específico. Ter um ofício é a afirmação e a defesa de uma identidade que é individual, mas também coletiva.

A identidade docente pode ser entendida como uma "construção de si mesmo" em constante movimento, pois não é estável nem fixa, mas constitui-se ao longo da vida. Desenvolve-se de forma individual, mas ao mesmo tempo é permeada pelas relações estabelecidas coletivamente. É influenciada pelos contextos sociais, políticos, culturais e econômicos. Para além dos espaços de trabalho, constrói-se também em meio aos espaços sociais (Dubar, 2005; Marcelo García, 2010).

Essa identidade é dotada de uma determinada especificidade, aquilo que constitui a ação docente, o ensinar. Oliveira (2010, s/p.) afirma que o termo "docência", originário do latim, significa "ensinar, instruir, mostrar, indicar, dar a entender [...]". A autora ainda destaca que "o trabalho docente é o que se realiza com a intenção de ensinar".

A literatura nos apresenta variadas formas de interpretação e contextualização do termo "ensinar". Roldão (2007, p. 94) destaca que, ao analisarmos as diversas interpretações que permeiam esse termo, podemos identificar uma forte tensão entre "professar um saber" e "fazer outros se apropriarem de um saber". A primeira interpretação é caracterizada por uma postura mais tradicional, que ressalta a ideia do professor transmissivo, sendo predominante até meados do século XX. A segunda refere-se a uma visão mais ampliada, partindo de uma leitura mais pedagógica do termo, sendo constituída de um amplo campo de saberes, incluindo os disciplinares.

Essa segunda linha de interpretação é a que tem ganhado maior espaço na atualidade. Dela, emergiu um variado conjunto de correntes literárias que abordam o conceito de diferentes formas, por isso, Roldão (2007) destaca que o conceito de ensinar é constitutivo da ação docente, mas não é estático e nem consensual. A autora afirma que a função docente é caracterizada por alguns elementos que são geradores da sua especificidade, sendo eles: a natureza compósita; a capacidade analítica; a natureza mobilizadora e interrogativa; a meta-análise; e a comunicabilidade e circulação.

O primeiro refere-se ao conhecimento profissional docente, à transformação do conteúdo científico em um saber agregador e contextualizado. A capacidade analítica corresponde à capacidade docente de exercer um saber técnico e criativo a partir de uma análise fundada em conhecimentos formalizados e experiências que possibilitam ao professor expandir suas potencialidades de ação diante do contexto em que atua. O terceiro elemento, a natureza mobilizadora e interrogativa, consiste na articulação entre as semelhanças, diferenças e as várias situações observadas pelas professoras e professores, para instigar a curiosidade do estudante, para mobilizá-lo na busca do conhecimento (Roldão, 2007).

Esse terceiro elemento também é constituído pela natureza interrogativa, que corresponde às situações de imprevisibilidade que os docentes enfrentam, o que exige um constante questionamento do conhecimento adquirido, da experiência anterior e da ação prática. Roldão (2007) afirma que essa necessidade constante de questionar a própria prática envolve um outro elemento, a meta-análise, que se refere à autocrítica docente. Por fim, o último elemento, a comunicabilidade e circulação, refere-se ao compartilhamento e discussão, entre os pares, do conhecimento tácito que integra o conhecimento docente, ou seja, a troca de experiências.

Sobre a especificidade do trabalho docente, Tardif e Lessard (2008, p. 31) afirmam que ensinar "[...] é trabalhar com seres humanos, sobre seres humanos e para seres humanos". Gadotti (2003) também ressalta que ensinar é uma ação do homem sobre o homem, estando diretamente relacionada à formação do indivíduo social. Portanto, ensinar ocorre por meio da relação humana, deixando marcas em quem ensina e em quem aprende. Conforme destaca Freire (2011, p. 25), "[...] quem forma se forma e re-forma ao formar e quem é formado forma-se e forma ao ser formado".

Realizadas essas considerações iniciais acerca da natureza e especificidade da ação docente, entendemos que a pesquisa que dá origem a este artigo insere-se no campo de pesquisa sobre formação de professores, que se consolidou por volta da segunda metade da década de 1980, sendo relativamente um campo novo (Diniz-Pereira, 2013). Nesse mesmo período, verifica-se um maior e crescente interesse pela pessoa do professor, aspecto praticamente desconsiderado até então.

Nóvoa (2007) destaca que esse redirecionamento das pesquisas teve como marco a publicação do livro *O professor é uma pessoa*, de Ada Abraham, em 1984. Ele ressalta que, a partir de então, "[...] a literatura pedagógica foi invadida por obras e estudos sobre *a vida dos professores, as carreiras e os percursos profissionais, as biografias e autobiografias docentes ou o desenvolvimento pessoal dos professores*" (Nóvoa, 2007, p. 15, grifos do autor).

As pesquisas acerca da produção acadêmica sobre formação de professores no Brasil observaram algumas tendências gerais, assim sistematizadas por Diniz-Pereira (2013, p. 148): "[...] nos anos de 1970: treinamento do técnico em educação; nos anos de 1980: a formação do educador; nos anos de 1990: a formação do professor-pesquisador". Já a partir dos anos 2000, observa-se uma forte crítica ao discurso prescritivo na formação de professores e, além disso, o foco dos estudos centrou-se nos professores, suas vozes, vidas e identidades. "A questão central de pesquisa, que antes era 'como formar o professor?', passou a ser 'como nos tornamos educadores(as)'?" (Diniz-Pereira, 2013, p. 148).

A pesquisa aqui apresentada insere-se nessa tendência geral verificada no campo de estudos sobre a formação de professores a partir dos anos 2000. Por meio da abordagem da pesquisa (auto)biográfica, a problemática central da pesquisa consiste em verificar as experiências significativas vivenciadas com professores que passam pela nossa trajetória de vida-formação e como elas constituem o professor-pessoa que somos. Quais as marcas deixadas pelos professores que nos atravessam e como contribuem para o ser e estar na profissão docente? A partir dessa problemática, fomos buscar, na trajetória de vida-formação de uma professora que atua na rede estadual paulista há mais de dez anos, as pistas, os indícios e os sinais (Ginzburg, 1989) do complexo emaranhado que envolve o ser, o formar-se e o tornar-se professor.

Percurso metodológico

Ancorado na abordagem da pesquisa (auto)biográfica, este estudo utilizou como dispositivo de pesquisa a Entrevista Narrativa (EN), conforme as etapas sistematizadas e apresentadas por Jovchelovitch e Bauer (2008), uma mescla entre a elaboração pessoal dos autores e a proposta do sociólogo alemão Fritz Shütze. A EN visa encorajar e estimular o participante a narrar sua história de vida ou algum acontecimento importante. "A técnica recebe seu nome da palavra latina *narrare*, relatar, contar uma história" (Jovchelovitch; Bauer, 2008, p. 91) e "[...] é considerada uma forma de entrevista não estruturada, de profundidade, com características específicas" (Jovchelovitch; Bauer, 2008, p. 95).

A concepção de EN está relacionada à crítica ao esquema tradicional de pergunta-resposta em que o entrevistado é sujeito passivo no processo de pesquisa, uma vez que é o entrevistador que seleciona o tema e os tópicos, ordena as perguntas e as verbaliza com sua própria linguagem (Jovchelovitch; Bauer, 2008). A EN configura-se como um dispositivo bastante potente para desvelar a complexa rede de experiências vivenciadas nas trajetórias singulares e coletivas dos indivíduos.

A entrevista que subsidia este estudo foi realizada no âmbito da pesquisa de doutorado de uma das autoras deste artigo. Essa pesquisa teve como objetivo analisar questões relacionadas à permanência do professor na profissão. A professora entrevistada, ao narrar sua história de vida, naturalmente, foi trazendo à tona a memória de professores que a atravessaram durante sua trajetória de vida-formação, o que deu ensejo à escrita deste artigo.

Para nos referirmos à professora colaboradora da pesquisa, optamos pelo nome fictício de Antonieta, em alusão à Antonieta de Barros (1901-1952), professora, jornalista e primeira mulher negra a ser eleita deputada no país. Os nomes dos professores mencionados por Antonieta em sua narrativa também são nomes fictícios que se referem a professores que atravessaram e deixaram suas marcas na história da educação brasileira. Antonieta é professora de História na rede estadual paulista desde 2009, quando ainda estava na graduação, na condição de professora contratada. A partir de 2017, após aprovação em concurso público, assumiu cargo de professora efetiva.

Considerando a metáfora dos *professores que nos atravessam* ou *atravessadores*, Antonieta é o nosso *sujeito da experiência*; como uma espécie de "*território de passagem*, algo como uma superfície sensível que aquilo que acontece afeta de algum modo, produz alguns afetos, inscreve algumas marcas, deixa alguns vestígios, alguns efeitos"; "um *ponto de chegada*, um lugar a que chegam as coisas, como um lugar que recebe o que chega e que, ao receber, lhe dá lugar"; e "um *espaço onde têm lugar os acontecimentos*". (Larrosa Bondía, 2002, p. 24, grifos nossos).

Trajetória de vida-formação: atravessamentos

Antonieta é proveniente de uma família de trabalhadores, tanto do lado paterno quanto materno. E, apesar das adversidades financeiras que dificultavam a frequência à escola, sua mãe formou-se em Língua Portuguesa, sendo a primeira da família a acessar o ensino superior. Antonieta cresceu atravessada pela história da mãe, percebendo o quanto ela valorizava o estudo:

> E... a minha mãe é assim... sempre vi ela muito engajada, muito esforçada. Minha mãe sempre trabalhou muito. Ela demorou para passar no concurso, porque ela morou em Mato Grosso, ficou dois anos sem estudar para trabalhar na roça. Começou a trabalhar de doméstica com 11 anos de idade para ajudar minha avó, que eles são em sete [irmãos]. Ela é a segunda mais velha.

> *Então, assim, eu sempre cresci ouvindo a história da minha mãe e o quanto ela valoriza o estudo [...] e era uma família em que ninguém tinha estudo. Então, a minha mãe foi a única, foi a primeira a estudar, a conseguir terminar. O meu avô deu o nome para ela de Anália,[7] porque foi uma professora que ele conheceu no Mato Grosso e falou que ela ia ser professora. E ela foi a primeira a estudar na família, é linda a história!* (Antonieta)

Os obstáculos para acessar os bancos escolares experienciados pelos pais de Antonieta são representativos do contexto social e político em que estes viveram, pois além das dificuldades financeiras que conduziam as crianças ao trabalho infantil, a escola pública ainda estava em processo de expansão. Di Giorgi e Leite (2010) afirmam que a expansão da educação básica se iniciou em 1941, quando foi criado o Fundo Nacional de Ensino Primário (FNEP), porém, ainda ocorreu de forma limitada, havendo pouco mais de 3 mil prédios públicos construídos para o ensino primário. O acesso ao ensino secundário era ainda mais restrito, frequentado por uma minoria privilegiada de brasileiros.

Durante a Ditadura Militar (1964-1985), especificamente, entre as décadas de 1960 e 1970, os investimentos na educação básica foram ampliados, devido às necessidades de mão de obra para atender às demandas geradas pelas privatizações ocorridas no período. Assim, os pais de Antonieta experienciaram esse contexto de início da expansão da escola pública. Somente nas décadas de 1980 e 1990 é que houve um aumento considerável do acesso da maioria da população aos bancos escolares (Di Giorgi; Leite, 2010). É possível afirmar que o alargamento do acesso à escola pública foi usufruído por Antonieta e não por seus pais.

Sobre sua mãe, Antonieta relata que nunca a presenciou reclamando da escola, apesar das dificuldades que vivenciou enquanto ainda era professora substituta, antes de se efetivar. Em razão da mãe ter atuado por muitos anos como professora substituta, não tinha horário fixo de trabalho e o pai tinha problemas com alcoolismo. Então, muitas vezes, para que a mãe pudesse trabalhar, ela e o irmão ficavam na escola e ela passou a gostar daquele ambiente.

> *Quando o meu pai não chegava em casa porque ele bebia, saía e não voltava, a minha mãe falava: "Da tal hora, você toma banho, dá banho no seu irmão e vem para a escola".* Aí, a gente ficava

---

[7] Referência a Anália Emília Franco Bastos (1853-1919), professora, jornalista, poetisa e escritora. Responsável pela fundação de mais de 70 escolas.

> na biblioteca da escola e acabou virando a nossa diversão, e tudo que a gente gostava de fazer. A escola nunca foi um lugar de falar assim "é ruim, é um *fardo*". Então, sempre aprendi a gostar da escola. E, nunca vi minha mãe, também, reclamar da escola [...] apesar das dificuldades que ela vivia, substituindo, substituindo, tapando buraco. Ela demorou para se efetivar. Então, a gente cresceu dentro da escola (Antonieta).

Na narrativa de Antonieta, é possível notar que ela possui um vínculo afetivo e de pertencimento com a escola pública por conta de sua história de vida, pelo fato de ter crescido no ambiente escolar e percebendo o quanto a mãe-professora valorizava aquele espaço. Ela conta com muita emoção que "*eu sinto que ali é o meu lugar, porque foi de onde eu saí*" (Antonieta, grifo nosso).

Além de ser filha de mãe-professora, Antonieta também tem duas tias paternas que são professoras, uma que leciona o componente curricular de Artes e, a outra, História. A tia Êda,[8] professora de História, também marcou bastante a trajetória de vida-formação de Antonieta.

> *Ela participou de greve, de luta, de movimento. Ela se formou em São Paulo. Na época, foi a primeira formada da família do meu pai. Foi a única que foi morar com a tia, que conseguiu fazer faculdade. Depois, a outra foi, mas bem mais velha. Então, assim, ela representa na nossa família, sabe...a luta, sabe? A pessoa que...e como ela sofreu isso também, então, ela sempre foi assim: guerreira, crítica. Então, ela sempre apresentou esse lado da história para mim, sabe? De criticidade, de questionar as coisas, de arrumar briga, assim, para lutar para melhorar as coisas. Então, assim, para mim, assim, isso sempre fez a diferença* (Antonieta).

Ao final do ensino médio, Antonieta ficou na dúvida entre cursar Arquitetura ou História. Avalia que Arquitetura estava mais distante da sua realidade "*porque eu não tive nenhuma referência na minha família, nunca conheci, nunca tinha visto um arquiteto [...] eu nem sabia o que era faculdade de Arquitetura*" (Antonieta). Ela acabou optando por cursar História e a tia Êda exerceu forte influência nessa escolha, assim como outros professores que passaram por sua trajetória escolar:

---

[8] Referência à professora Êda Luiz (1950-), formada em Artes e Pedagogia, com uma longa trajetória na área de Educação de Jovens e Adultos (EJA), uma das responsáveis pelo projeto educacional do Centro Integrado de Educação de Jovens e Adultos (Cieja) Campo Limpo, escola da rede municipal de São Paulo.

> *Então, assim, ou era Arquitetura, mas estava mais distante da minha realidade; ou era lecionar. E eu sempre gostei, porque... História, minha tia deu aula para mim. Essa tia paterna que eu tinha falado, que até hoje é referência na minha vida, minha tia. Ela dava aulas, assim, que eu viajava. E eu tive professores de História muito bons. Teve um outro professor também, que deu aula para nós dois anos, que foi maravilhoso. Professora de Literatura, que eu amava Literatura por causa da História. Então, assim, foi muito bom e eu aprendi a gostar de História. Aí eu falei: "vou fazer História" (Antonieta).*

Pesquisas realizadas sobre a atratividade da carreira docente nos últimos anos têm demonstrado o quanto a carreira docente não se apresenta como opção de escolha profissional para grande parte dos jovens brasileiros concluintes do ensino médio. Entre os motivos para essa rejeição encontram-se a desvalorização profissional e social, os baixos salários, a carga horária de trabalho excessiva, o desinteresse e o desrespeito dos alunos (FCC, 2009; Tartuce; Nunes; Almeida, 2010; Almeida; Tartuce; Nunes, 2014).

Já a opção pela docência entre os estudantes é bastante associada à ideia de vocação (FCC, 2009; Gatti *et al.*, 2019). Uma pesquisa realizada em 2014 com graduandos de cursos de licenciatura que realizaram o Exame Nacional de Desempenho dos Estudantes (Enade) revelou que a crença de que ser professor é uma vocação ocupou o primeiro lugar dentre as razões apontadas para a escolha da docência. Em segundo lugar, compareceram motivações relacionadas à importância da profissão e, em terceiro, o fato de que os estudantes tiveram em sua trajetória escolar professores que os inspiraram a seguir a docência (Gatti *et al.*, 2019).

Ainda que a carreira docente não exerça uma boa atratividade entre os jovens em razão de uma série de condições que apontam para a desvalorização e precarização do trabalho docente acentuada nas últimas décadas, o fato de ter convivido com professores inspiradores exerce um papel importante para a opção pelo magistério. Esse foi o caso da professora Antonieta. Além disso, por conta da nossa trajetória escolar e acadêmica, passamos por um longo período observando o trabalho de nossos professores, ainda que isso ocorra de forma involuntária e sem pretensões.

Marcelo Garcia (2010, p. 116) constata que "a docência é a única das profissões em que os futuros profissionais se veem expostos a um período de observação não dirigida em relação às funções e tarefas que desempenharão no futuro". Enquanto estudantes, observando o trabalho dos nossos professores, desenvolvemos crenças sobre o ensino e a aprendizagem, muito impregnadas de componentes emocionais e afetivos. As experiências e memórias da escola e de antigos professores tendem a influenciar nossa prática pedagógica, nossa forma de ser e estar na profissão, seja a partir de modelos que desejamos repetir ou evitar.

Assim, existe uma tendência observada pelos pesquisadores de que ingressamos nos cursos de formação inicial com crenças prévias e arraigadas sobre o ensinar e o aprender (Marcelo Garcia, 2010). E isso tem sido apontado como um elemento bastante complexo na formação de professores, pois apesar de passarmos por um curso de licenciatura que deveria nos preparar pedagogicamente para o exercício da docência, o trabalho do professor em sala de aula tende muito a refletir as experiências vivenciadas como estudante da educação básica e as práticas de nossos ex-professores (Tardif, 2013).

A professora Antonieta passou por algumas dificuldades durante a formação inicial. Ao terminar o ensino médio, prestou vestibular e foi aprovada em uma universidade pública federal. Estudou dois anos nessa instituição, mas engravidou e depois que a filha nasceu trancou o curso. Quando a filha completou um ano, retomou os estudos, mas a dificuldade em arcar com os custos do transporte da cidade que residia até o *câmpus* universitário e o fato de chegar em casa por volta das 3h da manhã fizeram-na interromper novamente a graduação. Diante das dificuldades de dar prosseguimento ao curso na universidade pública, matriculou-se em uma instituição de ensino superior privada em uma cidade mais próxima de sua residência, na condição de estudante bolsista, e conseguiu concluir a graduação.

Além da tia Êda ter tido papel relevante para a opção pelo magistério e, especificamente, a licenciatura em História, Antonieta relata que durante a graduação realizou estágio nas aulas dela e isso contribuiu bastante para a sua formação:

> *E eu fiz estágio na escola que eu estudei a vida inteira e nas aulas da minha tia (risos). A minha tia, assim, ela sempre, ela nunca teve, assim, falar assim: "Ah, foi uma professora que não conseguiu. Os alunos não prestavam atenção". Nada. Então, assim, me ajudou muito os exemplos dela. Como aluna, eu observava uma coisa, agora como professora, eram outras coisas que eu ia*

> *observar. Então, eu me atentei a muitas coisas, a muitas dicas que ela dava, muitas coisas de aula que ela passou para mim, sabe? [...] Então, assim, ajudou muito mesmo, muito. E eu falo assim que hoje, eu falo para ela, falo "tia... todas as minhas aulas", História, não tem como eu não me lembrar dela* (Antonieta).

Ao rememorar o período de estágio, especialmente na passagem "*como aluna, eu observava uma coisa, agora como professora, eram outras coisas que ia observar*", Antonieta nos remete ao que afirma Marcelo Garcia (2010) sobre o fato de que como estudantes passamos um longo período numa espécie de observação não dirigida ao trabalho de nossos professores. Antonieta reconhece que como estudante da educação básica já estava atenta às práticas da tia-professora Êda, mas que na condição de professora em formação, realizando estágio, houve uma mudança no olhar, pois a observação se tornou, por assim dizer, "mais dirigida".

E não foram somente os professores da educação básica que marcaram a trajetória de vida-formação de Antonieta, mas também os professores do curso de licenciatura em História. Em especial, o professor Florestan,[9] que foi seu orientador no Trabalho de Conclusão de Curso (TCC) e ao qual ela faz menção em alguns momentos de sua narrativa: "*Eu viajava nas aulas dele. E ele fez na UFMG. E, nossa! Era bom demais! E ele dava aquela aula que eu ficava boquiaberta*" (Antonieta).

Antonieta relata que nunca o esqueceu e, inclusive, quando ficou sabendo que foi aprovada em processo seletivo para cursar mestrado, foi uma das primeiras pessoas que ela avisou: "*Eu nunca esqueço ele. Às vezes, eu converso com ele, tal. E, quando eu entrei no mestrado, a primeira pessoa que veio na minha cabeça, eu mandei mensagem para ele*" (Antonieta). O professor Florestan, além de lecionar no ensino superior, também ministrava aulas na educação básica e aquilo, para Antonieta, era um diferencial nas aulas de Didática:

> *Então, ele não saiu da sala de aula. Ele entendia do que ele estava falando [...] A gente preparava aula e apresentava na aula de Didática. Então, como você vai trabalhar esse tema? Como você vai trabalhar esse tema? Como você vai trabalhar esse tema? E a gente trocava as ideias. Era bem legal, para envolver os alunos, para não ficar naquela questão só o professor explica, explica* (Antonieta).

---

[9] Referência ao professor Florestan Fernandes (1920-1995), sociólogo, patrono da sociologia brasileira e um dos intelectuais mais influentes do século XX.

Antonieta relata que sempre se inspirou nas aulas do professor Florestan: *"eu sempre me inspirei nele. Eu queria dar aula igual a ele, eu falava, 'queria dar aula igual a ele'"* (Antonieta). Além do professor Florestan, Antonieta também menciona a professora do componente curricular de Geografia Física que a apoiou para que não desistisse do curso. Antonieta e a professora Nísia[10] têm histórias de vida semelhantes e que se (entre) cruzaram, e esse encontro, de certa forma, fortaleceu Antonieta para que conseguisse concluir a graduação.

> *[...] a história dela me comovia. Ela falava que ela também teve que se casar cedo, que ela teve que estudar muito, tal, tal, tal. E ela me ajudou muito na faculdade, assim... ela conversava muito comigo. Ela me motivava: "Não desiste, você está casada, você está com filho, mas você pode ainda!"* (Antonieta).

Antonieta começou a ministrar aulas como professora substituta quando ainda estava na graduação. O ingresso no magistério é apontado como uma das fases mais desafiadoras na carreira do professor (Huberman, 2007). Na narrativa de Antonieta, percebe-se que as dificuldades inerentes aos primeiros anos da docência foram atenuadas por conta do auxílio de sua tia, também professora de História, que compartilhava materiais, orientava-a e com quem realizou estágio durante a graduação. E, ainda, por conta de uma coordenadora que era amiga da sua mãe e a auxiliava em suas dúvidas:

> *Eu falei assim: "Dorina[11], o que que eu vou fazer?". "Prepara aula. Sua aula tem 50 minutos, prepara a aula para uma hora e meia, porque você nunca, nunca sabe. Cada sala é de um jeito, você pode programar uma coisa e se sobrar tempo você está lascada, porque aí você não consegue controlar a sala". E ela me ensinou muita coisa, muita coisa. E eu fui aprendendo [...].* (Antonieta).

Iniciar uma nova profissão sempre traz desafios a serem superados, mas, no caso da docência, um aspecto preocupante é que o professor em início de carreira é mais propenso a abandonar o magistério (OCDE, 2006). Apesar do suporte, fortalecimento e inspirações que recebeu

---

[10] Referência à professora Nísia Floresta (1810-1885), que fundou a própria escola em 1838, destinada à educação de meninas, num contexto em que a educação das mulheres se limitava ao ensino dos afazeres domésticos.

[11] Referência à professora Dorina Gouvêa Nowill (1919-2010), educadora e ativista brasileira cega. Foi a primeira estudante cega a frequentar o chamado curso regular na Escola Normal Caetano de Campos. É criadora da Fundação Dorina Nowill, entidade sem fins lucrativos que promove o acesso de cegos à educação.

dos professores que passaram por sua trajetória de vida-formação e da identificação com a escola pública, diante dos desafios e das precárias condições de trabalho, Antonieta chegou a cogitar desistir da docência.

Ela relata que foi incentivada pelos próprios pares a desistir da profissão: *"Teve um tempo que eu quis desistir e muitos professores mesmo contribuíram para eu desistir, porque ficavam falando que eu era nova, tal, tal. E eu enfiei isso na minha cabeça e eu achava que realmente aquilo não era para mim"* (Antonieta). Inclusive, nesse período em que estava pensando em abandonar a docência, iniciou uma graduação em Direito:

> *E, assim, a maioria dos professores quando viu a novinha, assim: "Ai, ai, você é boba! Você fala bem, por que você não faz Direito? Sai da Educação, Educação está falida", que não sei o quê. "não adianta, olha quanto sofrimento, você ganha pouco tal, tal, tal". Eu enfiei isso na minha cabeça. Eu já estava desanimada, porque realmente o salário era muito pouco e, sabe? [...] eu falei: "Eu vou!". Eu gostava de estar em sala de aula, gostava dos meus alunos, mas eu estava muito desanimada. Aí eu comecei a fazer Direito. Falei assim: "Você quer saber? É verdade, sou muito nova. Eu falo bem, articulo bem". Tem aquela coisa, como se professor tivesse que ser ruim para estar em sala de aula. Então, se você é boa tem que sair da sala de aula. "Aproveita enquanto você é nova". Eu ouvia muito isso e aí eu peguei e comecei fazer o Direito* (Antonieta).

Antonieta cursou Direito por um ano, mas relata que não conseguiu financiamento estudantil e não era possível continuar arcando com os custos da mensalidade, então desistiu do curso. Mas, ao mesmo tempo que encontrou professores que a incentivaram a desistir da profissão, também encontrou aqueles que a motivaram a não desistir da docência, seja por conta de palavras de incentivo ou pela convivência diária. Antonieta relata que ingressou em uma nova escola, em 2017, quando assumiu cargo como professora efetiva e encontrou um grupo de professores que a motivaram a continuar:

> *E ali no [nome da escola estadual], isso me ajudou muito, porque... eu encontrei professores que eram engajados e eu não ouvi ninguém falar assim: "Desiste, menina! Para!"* Não, pelo contrário. Eu lembro que no começo do ano quando eles fizeram a recepção dos novos professores da escola, todo mundo falou um pouco sobre o projeto de vida, essas coisas. Aí, eu lembro que falei que queria parar de dar aula. Aí elas

> falaram assim: *"Não, você não vai parar de dar aula. Você vai fazer parte aqui da guerra. Você vai ser guerreira igual a gente. Você não vai pular do barco, não. Continua nessa, tal, tal, tal". E aí eu comecei a achar, assim... diferente* (Antonieta).

E outras duas professoras que havia conhecido antes de se efetivar também a incentivaram a continuar:

> *E aí, eu lembrava daquilo que uma professora amiga minha... duas professoras [...] que também me ajudaram muito. Elas sempre falavam: "Antonieta, não desiste! Você é uma boa professora!" E elas também me motivaram bastante. E aí, sempre quando eu pensava em desistir vinha a fala delas, sabe... assim? Quando você lembra, assim... poxa vida!* (Antonieta)

Antonieta ressalta que esses professores a *"ajudaram muito a permanecer e a não desistir"*. E, ainda, afirma que *"hoje, eu dou aula feliz, muito feliz. Não tenho vontade mais de desistir da profissão, mas eu tenho, assim, de permanecer mesmo na carreira e de... sabe? Me aperfeiçoar, estudar mais para ajudar, para contribuir mesmo"* (Antonieta).

Quando a entrevista foi realizada, Antonieta estava cursando mestrado, nas palavras dela, estava realizando um sonho que sempre teve e que foi sendo adiado. Primeiro, porque não conseguiu concluir a graduação em uma universidade pública e entendia que *"aquilo abria portas diferentes"* (Antonieta). Em sua concepção, o fato de ter se graduado em uma instituição privada, dificultaria seu ingresso no mestrado.

Segundo, porque havia feito um acordo com o marido: primeiro, ela concluiria a faculdade e ele cuidaria da filha, quando ela terminasse, ele iria ingressar no ensino superior. *"E aí, eu nunca pude nem tentar o mestrado, porque eu sabia que agora era a hora dele. Eu não ia tirar esse momento dele de novo. Então, eu vivia com aquela frustração, uma coisa, assim, sufocada na minha vida, sabe?"* (Antonieta).

Quando o marido terminou a faculdade, conversaram e decidiram ter outro filho. *"Eu achava que eu nunca mais ia fazer mestrado, doutorado. Achava que não tinha mais jeito"* (Antonieta). Mas quando ingressou na escola em que se efetivou, em 2017, conheceu a professora Sônia,[12] que, na época, fazia doutorado em Filosofia. Ela narra o encontro com essa professora e o incentivo que recebeu para tentar ingressar no mestrado:

---

[12] Referência à professora Sônia Guimarães (1957-), primeira mulher negra doutora em Física e primeira a lecionar no Instituto Tecnológico da Aeronáutica (ITA).

> *A Sônia estava no doutorado em Filosofia na Unesp, em Marília. Nossa! Quando eu conheci a Sônia, meu olho brilhou. Ela representava tudo o que eu queria, sabe? Tudo o que eu tinha sonhado para minha vida. Da minha idade, no doutorado! [...] E aí, eu conversava com a Sônia, era tão gostoso. Ainda mais Filosofia. Sabe aquelas conversas, assim? Era muito gostoso conversar com ela e ela tinha feito intercâmbio [...] E ela: "Ai, Antonieta, vai! Não está tarde, não. Estuda, tal, tal, tal". E ela me motivou a voltar, assim, a sonhar com isso. Porque, de verdade, eu chorava muito, muito mesmo, escondido, por causa disso. E aí, ela me motivou a assim... conversando com ela, me veio a vontade de novo, de tentar, de tentar pelo menos um mestrado, alguma coisa (Antonieta).*

A partir do seu exemplo, Sônia inspirou e motivou Antonieta a continuar a busca pela realização do desejo de cursar o mestrado. Nesse período, Antonieta chegou a frequentar uma disciplina como aluna especial na Universidade Estadual Paulista "Júlio de Mesquita Filho" (Unesp) em Assis, mas desistiu por conta da distância de sua cidade de origem, do preço alto da gasolina e da rotina corrida. E, uma outra amiga, professora Débora,[13] convidou-a para participar de eventos acadêmicos na Unesp em Presidente Prudente, cidade onde atualmente reside.

Antonieta conta que ter participado desses eventos aguçou seu interesse pela leitura de textos sobre educação, principalmente quanto à questão política. A leitura dos textos, aliada às situações que vivenciava na escola, a fez elaborar um projeto de pesquisa. Em 2018, participou do processo seletivo para ingresso na pós-graduação em Educação na Unesp, câmpus de Presidente Prudente e conseguiu ser aprovada. Ficou bastante emocionada quando soube da aprovação:

> *Eu tremia, eu tremia, eu tremia, porque eu achava que eu nunca ia conseguir passar, sabe... assim? Poxa vida! Eu não estudei na [universidade] federal, nem na estadual, eu não terminei do jeito que eu queria... Tanto tempo sem estudar, eu não conheço ninguém, eu achava que eu nunca ia conseguir passar. Eu lembro que eu tremia de tanto que eu chorava, de tanto que eu chorava. (Antonieta).*

As professoras Sônia e Débora tiveram um papel importante no sentido de motivar e inspirar Antonieta a continuar sonhando com a

---

[13] Referência à Débora Araújo Seabra de Moura (1981-), primeira professora com Síndrome de Down, ativista, atriz e escritora.

possibilidade de cursar o mestrado. A elas, somam-se as professoras Anália, Êda, Nísia, Dorina, o professor Florestan e tantos outros. Professores que atravessaram a trajetória de vida-formação da professora Antonieta, deixaram suas marcas, constituíram a sua identidade, *"porque a nossa vida é feita de várias pessoas que vão ajudando a formar quem a gente é, os nossos encontros e desencontros"* (Antonieta).

Considerações finais

Este trabalho, ao qual atribuímos o título de "Professores que nos atravessam", apresentou a trajetória de vida-formação da professora Antonieta a partir das experiências vivenciadas com outros professores que deixaram suas marcas, contribuindo para a constituição do ser e estar na profissão docente. Ao narrar sua trajetória de vida-formação, Antonieta rememora alguns professores que a marcaram, inspiraram e apoiaram, mas também aqueles que contribuíram para que ela quisesse desistir da profissão.

A primeira professora que Antonieta destaca em sua narrativa é a própria mãe. Antonieta cresceu atravessada pela sua história de vida, uma trajetória de luta e resistência diante das dificuldades financeiras que dificultavam o acesso à escola, compartilhada por muitos brasileiros da geração de sua mãe, oriundos de famílias de trabalhadores. Mas, apesar das dificuldades, a mãe foi a primeira pessoa da família a formar-se em nível superior. Antonieta percebia que ela valorizava muito o estudo e a escola pública e, talvez, essas sejam as marcas mais evidentes deixadas pela mãe-professora.

Antonieta ressalta que apesar da mãe ter passado por dificuldades até conseguir se efetivar como professora, nunca a presenciou reclamando da escola. Como a mãe atuava como professora substituta, não tinha horário fixo de trabalho e nem sempre podia contar com o pai para deixar os filhos. Essa situação fazia com que Antonieta e o irmão permanecessem na escola, especialmente na biblioteca, para que a mãe pudesse trabalhar. Antonieta nos conta que aprendeu a gostar de estar no ambiente escolar desde a infância e em vários momentos de sua narrativa percebemos o vínculo afetivo e de pertencimento que a conecta com a escola pública.

Além da mãe, Antonieta também possui duas tias paternas que são professoras. Mas é a tia Êda, também professora de História, que ocupa papel de destaque em sua narrativa. Êda foi a primeira da família paterna a acessar o ensino superior e, assim como a mãe de Antonieta, traz consigo uma história de luta e superação. Antonieta foi aluna da tia-professora que despertou nela, assim como outros professores que passaram pela sua trajetória de escolarização, o encantamento com o componente curricular de História, exercendo forte influência para sua escolha profissional.

Além disso, durante a graduação, Antonieta realizou estágio observando as aulas da tia Êda, estando atenta às suas práticas. Nesse momento, não mais na condição de estudante da educação básica, e sim de professora em formação, o que provocou, segundo ela, uma mudança no olhar. Além de ter encantado e inspirado Antonieta para a escolha profissional, as marcas deixadas pela tia Êda também se encontram na contribuição para a formação profissional durante os estágios, por meio do seu exemplo e pelo compartilhamento de experiências e materiais.

Durante a graduação, também percebemos as marcas deixadas pela professora Nísia e pelo professor Florestan. Nísia encorajou-a a permanecer e a concluir o curso de História diante das dificuldades da maternidade enfrentadas por Antonieta. Florestan foi uma referência para ela, ajudando-a no planejamento e organização das aulas e em quem Antonieta buscava inspiração: *"eu queria dar aula igual a ele"* (Antonieta).

Ao lembrar sobre as dificuldades no início da carreira, Antonieta menciona a professora Dorina, coordenadora pedagógica que deu o suporte necessário para planejar as primeiras aulas. Ainda nessa fase, ela também menciona a influência de professores que produziram narrativas de desistência, que a motivaram a buscar outra profissão devido às dificuldades da docência. Assim, as precárias condições de trabalho somadas aos discursos desses professores fizeram Antonieta repensar sua escolha pelo magistério, sufocando o desejo de ser professora.

Esse desejo só floresceu novamente quando ela ingressou como efetiva em 2017, momento em que conheceu professoras que a motivaram a continuar e a relembraram dos sentimentos positivos pelos quais escolheu a docência. Esse reencontro com a motivação para ser e permanecer professora também levou Antonieta a retomar os planos que tinha em cursar mestrado, quando a professora Sônia cruzou sua trajetória de vida incentivando-a a buscar esse sonho.

Toda essa trajetória percorrida por Antonieta nos mostra como as professoras e professores que nos atravessam marcam nossa trajetória de vida-formação, podendo produzir narrativas de desistência ou nos fortalecer e contribuir para o fazer-se docente. A troca de experiências entre os pares também faz parte da especificidade docente, e se essas trocas forem permeadas de experiências negativas, de situações imbricadas de frustração, certamente gerarão sentimentos de desânimo.

Porém, quando essas experiências são positivas, ou até mesmo passam pelo reconhecimento das dificuldades existentes, mas buscam formas de enfrentá-las, percebemos que elas podem ter um potencial encorajador, na busca pela permanência na docência. Cada um dos professores que atravessaram a trajetória de vida-formação de Antonieta e deixaram suas marcas contribuíram para a sua constituição profissional, para o complexo emaranhado que envolve o formar-se, o tornar-se e o ser professora.

Por fim, gostaríamos de externar o nosso reconhecimento e agradecimento a todos os professores que nos atravessaram e todos aqueles que, diariamente, continuam a atravessar a vida de tantos estudantes e, para além de ensinar, inspiram, fortalecem, acalentam, apoiam e vão deixando suas marcas. Ser professor(a), nas palavras da própria professora Antonieta, *"é um modo de luta"*, por uma sociedade mais justa, mais humana e menos desigual. Que possamos ser professores atravessadores!

Referências

ALMEIDA, Patrícia Cristina Albieri de; TARTUCE, Gisela Lobo; NUNES, Marina Muniz Rossa. Quais as razões para a baixa atratividade da docência por alunos do ensino médio? **Psicologia:** Ensino & Formação, v. 5, n. 2, p. 103-121, 2014. Disponível em: http://pepsic.bvsalud.org/scielo.php?script=sci_abstract&pid=S2177-20612014000200007. Acesso em: 8 fev. 2023.

ARROYO, Miguel Gonzalez. **Ofício de mestre:** imagens e autoimagens. Petrópolis: Vozes, 2000.

DI GIORGI, Cristiano Amaral Garboggini; LEITE, Yoshie Ussami Ferrari. A qualidade da escola pública na perspectiva democrática e popular. **Série Estudos** (UCDB), n. 30, p. 305-323, jul./dez. 2010. Disponível em: https://serieucdb.emnuvens.com.br/serie-estudos/article/view/173. Acesso em: 12 fev. 2023

DINIZ-PEREIRA, Júlio Emílio. A construção do campo da pesquisa sobre formação de professores. **Revista da FAEEBA – Educação e Contemporaneidade**, Salvador, v. 22, n. 40, p. 145-154, jul./dez. 2013. Disponível em: https://www.revistas.uneb.br/index.php/faeeba/article/view/7445/4808. Acesso em: 15 fev. 2023.

DUBAR, Claude. **A socialização**. Construção das identidades sociais e profissionais. São Paulo: Martins Fontes: 2005.

FREIRE, Paulo. **Pedagogia da autonomia:** saberes necessários à prática educativa. São Paulo: Paz e Terra, 2011.

FUNDAÇÃO CARLOS CHAGAS (FCC). **A atratividade da carreira docente no Brasil**. Relatório Final. Estudos e Pesquisas Educacionais, 2009. Disponível em: http://www.zerohora.com.br/pdf/15141177.pdf. Acesso em: 5 fev. 2023.

GADOTTI, Moacir. **Educação e poder:** introdução à Pedagogia do Conflito. São Paulo: Cortez, 2003.

GATTI, Bernardete Angelina; BARRETTO, Elba Siqueira de Sá; ANDRÉ, Marli Eliza Dalmazo Afonso; ALMEIDA, Patrícia Cristina Albieri de. **Professores do Brasil:** novos cenários de formação. Brasília: Unesco, 2019.

GINZBURG, Carlo. Sinais: raízes de um paradigma indiciário. *In:* GINZBURG, Carlo. **Mitos, emblemas, sinais:** morfologia e história. São Paulo: Companhia das Letras, 1989. p. 143-275.

HUBERMAN, Michael. O ciclo de vida profissional dos professores. *In:* NÓVOA, António (org.). **Vidas de professores**. 2. ed. Porto: Porto Editora, 2007, p. 31-61.

JOVCHELOVITCH, Sandra; BAUER, Martin. Entrevista Narrativa. *In:* BAUER, Martin; GASKELL, George. **Pesquisa qualitativa com texto, imagem e som**. Petrópolis: Vozes, 2008, p. 90-113.

LARROSA BONDÍA, Jorge. Notas sobre a experiência e o saber de experiência. **Revista Brasileira de Educação**, n. 19, p. 20-29, jan./fev./mar./abr., 2002. Disponível em: https://www.scielo.br/j/rbedu/a/Ycc5QDzZKcYVspCNspZVDxC. Acesso em: 2 fev. 2023.

MARCELO GARCÍA, Carlos. La identidad docente: constantes y desafíos. **Revista Interamericana de Investigación, Educación y Pedagogía**, v. 3, n. 1, p. 15-42, 2010. Disponível em: https://revistas.usantotomas.edu.co/index.php/riiep/article/view/1301. Acesso em: 3 fev. 2023.

NÓVOA, António. Os professores e as histórias da sua vida. *In:* NÓVOA, A. (org.). **Vidas de professores**. Porto: Porto Editora, 2007, p. 11-25.

OCDE. **Professores são importantes:** atraindo, desenvolvendo e retendo professores eficazes. São Paulo: Moderna, 2006.

OLIVEIRA, Dalila Andrade. Trabalho docente. *In:* OLIVEIRA, Dalila Andrade; DUARTE, Adriana Maria Cancella; VIEIRA, Lívia Maria Fraga. **Dicionário:** trabalho, profissão e condição docente. Belo Horizonte: UFMG/Faculdade de Educação. Disponível em: https://gestrado.net.br/verbetes/trabalho-docente/. Acesso em: 5 fev. 2023.

ROLDÃO, Maria do Céu. Função docente: natureza e construção do conhecimento profissional. **Revista Brasileira de Educação**, v. 12, n. 34, p. 94-103, jan./abr., 2007. Disponível em: https://www.scielo.br/j/rbedu/a/XPqzwvYZ7YxTjLVPJ-D5NWgp/?lang=pt. Acesso em: 2 de fev. 2023.

TARDIF, Maurice. **Saberes docentes e formação profissional**. Petrópolis: Vozes, 2013.

TARDIF, Maurice; LESSARD, Claude. **O trabalho docente**: elementos para uma teoria da docência como profissão de interações humanas. Petrópolis: Vozes, 2008.

TARTUCE, Gisela Lobo; NUNES, Marina Muniz Rossa; ALMEIDA, Patrícia Cristina Albieri de. Alunos do ensino médio e atratividade da carreira docente no Brasil. **Cadernos de Pesquisa**, v. 40, n. 140, p. 445-447, maio/ago., 2010. Disponível em: https://www.scielo.br/j/cp/a/hBtRyWXHrYrGPzR7RsV6LCh/abstract/?lang=pt. Acesso em: 2 fev. 2023.

CAPÍTULO 4

SABERES PROFISSIONAIS DE PROFESSORES: FORMAÇÃO DOCENTE QUE ATRAVESSA E É ATRAVESSADA PELA EXPERIÊNCIA E MEMÓRIA[14]

Marta Campos de Quadros
Yoshie Ussami Ferrari Leite

Compondo o cenário: notas introdutórias

A formação profissional de professor é um processo complexo, que envolve a pessoalidade e a profissionalidade docente (Nóvoa, 2009; 2017), saberes compósitos, que se constroem em relação aos outros conhecimentos sociais, escolares e universitários, mas, também, e, principalmente, na visão dos professores, a partir da experiência de trabalho cotidiana (Tardif; Lessard; Lahaye, 1991; Tardif, 2012a; Tardif, 2012b), que desempenha papel fundamental na constituição do sentimento de competência e identidade docente, o saber da experiência apontado como a base do ensinar (Tardif, 2012b). Esse processo formativo é narrado com algumas particularidades pelas(os) seis professoras(es)-narradoras(es) que colaboraram para a efetivação da pesquisa "Formação docente e saberes profissionais de professores: histórias de professores da rede pública de ensino de Presidente Prudente" desenvolvida por meio do Programa Nacional de Pós-Doutorado (PNPD) da Coordenação de Aperfeiçoamento de Pessoal de Nível Superior (Capes) junto ao Programa de Pós-Graduação em Educação da Universidade Estadual Paulista "Júlio de Mesquita Filho" (Unesp), câmpus Presidente Prudente (2016/2017), e aqui retomada em razão da atualidade das falas dos professores, mesmo depois de termos sido atravessados pela pandemia Covid-19.

---

[14] O presente capítulo teve uma versão anterior, publicada na forma de artigo, na revista Colloquium Humanarum, Presidente Prudente, v. 20, p. 1-28, jan./dez. 2023, e234578.

O objetivo daquela pesquisa foi (re)conhecer os processos formativos e as práticas culturais, escolares e não escolares, que estão produzindo os saberes profissionais de professores de ensino fundamental – anos iniciais e finais – como condição para o exercício profissional docente na perspectiva de uma escola pública de qualidade (Beisiegel, 2005). Aqui apresentamos um recorte da mesma, com o intuito de compreender o papel atribuído por esses professores-narradores aos saberes profissionais construídos a partir da formação escolarizada para ser professor e a relação que estabelecem com o saber da experiência implicado na produção de seus saberes profissionais docentes a partir da convivência cotidiana desde a infância com seus professores, aqueles que, em vários momentos da vida escolar, se apresentam como modelos profissionais a serem seguidos ou não na sua forma de atuação como professores profissionais no âmbito da escola (Quadros; Leite, 2019), mas também por meio dos trânsitos culturais vivenciados no decorrer da trajetória de vida no âmbito da escola e fora dela como lugares de aprendizagem (Quadros; Leite, 2021).

Assim, concordamos com Contreras (2016) quando defende que é necessário aprofundar narrativamente a educação, pois, a partir das narrativas tecidas pelos docentes, é possível (re)conhecer quais imagens de professor têm sido construídas pelos profissionais docentes; quais as características atribuídas ao bom e mau professor e quais as suas expectativas em relação à sua prática como professor. Em nossa investigação, invariavelmente, os seis professores-narradores que dela participaram – caracterizaremos esses profissionais docentes mais adiante – retomavam suas experiências em outros espaços e tempos escolares, desde os primeiros anos de escola, para traçarem um perfil do professor que gostariam de ser ou de ter sido.

A motivação para a realização da pesquisa, bem como as reflexões produzidas a partir dela e a ampliação dos conceitos e saberes para pensar diferentes aspectos do campo da formação de professores e saberes docentes estão ligadas à vivência da cena cotidiana escolar, principalmente, mas não somente, nas salas de aula de escolas públicas em Presidente Prudente, no Oeste Paulista, durante diferentes processos de pesquisa. Nesse sentido, acreditamos ser necessário, aqui, trazer elementos que possibilitem ao leitor identificar o contexto a partir do qual a pesquisa se desenvolveu. Percebemos que o desencanto e o encanto com a atividade profissional de professor, cuja ação principal é ensinar (Roldão, 2007), têm dado o tom das conversas entre professores nos diferentes espaços em que atuam e por onde temos circulado: salas de aula, reuniões de formação continuada, colóquios e reuniões dos conselhos e fóruns de educação.

A desilusão diante das mudanças nas políticas públicas que buscavam assegurar uma escola pública de qualidade e com possibilidade de acesso garantida a todos, bem como melhores condições de trabalho e reconhecimento profissional ao docente, mistura-se à empolgação diante dos alunos que de diferentes formas expressam aprendizagem, leitura de mundo ampliada, possibilidade de viver um presente – e certamente um futuro – cada vez mais complexo. Esse aspecto é enfatizado na fala da professora-narradora Guadalupe, que, na época em que as narrativas foram produzidas, contava com 15 anos de prática docente na rede municipal de ensino de Presidente Prudente e 39 anos de idade. Ela afirma que foi diante das muitas críticas negativas infundadas sobre os professores e funcionários públicos que sentiu a necessidade de participar de instâncias sociais que orientam, fiscalizam e/ou regulam o trabalho profissional docente no âmbito da escola, como o Sindicato dos Servidores Públicos Municipais e o Conselho Municipal de Educação.

> É o que de ruim que está acontecendo que está me levando. [...]Eu nunca imaginei na minha vida que eu ia fazer isso! Então, essas coisas ruins que acontecem, com o dinheiro público que tá me levando para esse lado. É o momento. Eu acho assim se tivesse calmo, uma coisa tranquila, eu não sei se eu iria, mas todo este contexto ruim que está me levando para este lado. [...]. Talvez eu não estivesse no Comed, não estaria na chapa do sindicato, essas coisas. Mas é esse contexto que está me levando. É o contexto que está me levando. [...] É isso. Porque me incomoda. Esse contexto me incomoda muito. Me incomoda na mesma direção daquela professora do primeiro e do segundo ano que não tinha interesse em ensinar todos da mesma forma. Me incomoda. É uma coisa que me incomoda (Prof.ª Guadalupe, 2017)[15]

Ouvindo os professores, bem como nas discussões com os colegas do Grupo de Pesquisa Formação de Professores, Políticas Públicas e Espaço Escolar, ecoa a pergunta que dá título à obra de Cortesão (2006) "Ser professor: um ofício em risco de extinção?". A partir da análise das

---

[15] Os excertos das narrativas das (os) professoras (es) que colaboraram com a pesquisa apresentados nesse artigo são parte das histórias de vida produzidas a partir de entrevistas como detalhamos adiante. Identificamos cada excerto com o nome do (a) professor(a) e o ano de produção da narrativa, conforme orienta o campo da pesquisa narrativa (Clandinin; Connelly, 2015; Souza, 2014).

narrativas dos professores- narradores, acreditamos que não. Mas, como afirma Pimenta (2010, p. 11), pensamos que "[...] a atividade docente vem se modificando em decorrência de transformações nas concepções de escola e nas formas de construção do saber, resultando na necessidade de repensar a intervenção pedagógico-didática na prática escolar". Essa autora aponta que um dos elementos cruciais relativos à conquista democrática efetiva da escola pública é o investimento na qualidade da formação dos professores e no aperfeiçoamento das condições de trabalho nas escolas.

Neste sentido, as discussões sobre a melhoria da qualidade de ensino nas escolas públicas têm sido acompanhadas pelo debate sobre a formação de professores. Além disso, quando a escola se tornou acessível à maioria da população, sobreveio o desafio de buscar oferecer a todos uma educação também de qualidade.

As transformações socioeconômicas e políticas têm exercido fortes influências na educação e na formação de professores. A intensificação e a aceleração da produção do conhecimento científico impõem que (re) pensemos o que é necessário ensinar e aprender na sociedade atual. As mudanças nas formas de organização sociais e políticas apontam para novas e diversas formas de se viver, pensar e agir em um cotidiano sempre mais complexo. A maior presença das tecnologias e a expansão dos meios e formas de comunicação na sociedade colocam em xeque as formas tradicionais de produção e disseminação do conhecimento, bem como os lugares e tempos desses processos socioculturais. Tais processos cada vez mais rápidos de produção e acesso ao conhecimento exigem o desenvolvimento de novas habilidades que precisam ser trabalhadas na escola (Imbernón, 2016). A professora Débora, então com 14 anos de atuação na rede municipal de ensino, assinala essa característica que marca a trajetória de vida dos professores-narradores ouvidos e a cultura escolar e não escolar em que estão imersos:

> *E aí, eu criei um projeto, eu pensei em alguma coisa que eu tenho guardado no meu armário, eu acho que eu nunca te mostrei, né? Não. Que na época era fita cassete, não tinha as facilidades que tem hoje, celular. Não existia essas coisas, né. Pelo menos eu não tinha. Eu nunca tive... a minha casa nunca foi tecnológica, eu nunca tive telefone. Eu sempre fui a última a ter tudo. Celular eu fui ter depois de casada. Telefone..., computador eu fui comprar depois que eu estava no segundo ano de faculdade de Letras. Em 2008 foi o meu primeiro computador. Então eu*

> *nunca tive. Eu acredito que isso tenha me ajudado, me ajudou também a desenvolver a parte criativa. Eu nunca dependi de tecnologia, eu tinha que me virar* (Prof.ª Débora, 2017).

Essas transformações que aparecem na narrativa da professora Débora levaram a mudanças significativas em diferentes aspectos (sociais, políticos e econômicos) na sociedade e estimularam a efetivação de várias reformas no ensino, principalmente nos países europeus. Nesse contexto de mudanças, segundo Esteve (1995), estamos vivendo um momento que a sociedade deixa de acreditar na educação como uma promessa de um futuro melhor, os professores vivenciam a sua atividade profissional com uma atitude de desilusão e renúncia, e todo esse processo se desenvolveu em conjunto com a degradação da imagem social e desvalorização econômica e cultural desse profissional que exerce seu fazer auferindo salários insuficientes para a manutenção e uma vida digna e sobre o qual têm sido produzidos discursos em circulação que afirmam o seu não valor como agente de transformação e mediador de saberes.

Para Esteve (1995), um dos fatores que contribuíram para que houvesse tal desvalorização da imagem do professor foi o processo de democratização do ensino, com a passagem de um ensino de elite para um ensino de massas, o que leva a um aumento significativo no número de professores e alunos, dando origem ao surgimento de novos problemas qualitativos. O autor argumenta que ensinar na atualidade (ele se refere à segunda metade da década de 1970) é bastante diferente de outras épocas,

> Fundamentalmente porque não tem a mesma dificuldade trabalhar com um grupo de crianças homogeneizadas pela seleção ou enquadrar a cem por cento das crianças de um país, com os cem por cento de problemas sociais que essas crianças levam consigo (Esteve, 1995, p. 96).

Esteve (1995) justifica que desde aí se originaria o desencanto de muitos docentes que não souberam redefinir o seu papel perante essa situação, mais que isso, não alcançaram a compreensão da nova realidade social e política, e da importância do papel da escola e do profissional professor como fundamentais no processo de (trans)formação das pessoas, e na metamorfose que a escola está a exigir, principalmente após esse período de quase três anos de pandemia Covid-19 (Nóvoa, 2022).

A expansão do sistema público de ensino que levou à democratização do acesso à educação básica não foi acompanhada de investimento equivalente na educação. Nessa mesma perspectiva, Beisiegel (2005) argumenta que o processo de democratização do ensino, entendido pelo autor como o aumento do número de anos de escolaridade e o maior número de crianças e jovens na escola, levou ao surgimento de uma crise multifária, relacionada a fatores tais como o crescimento, a complexificação, a burocratização, a escassez de recursos, transformação da clientela.

O crescimento do número de escolas em todos os segmentos do ensino (ensino fundamental, médio e superior) teve como efeito a multiplicação e diversificação de tarefas, que acabou por produzir uma burocratização das atividades, como também uma crescente ritualização dos serviços. No Brasil, verificou-se a expansão do número de escolas, de salas de aula, de professores etc. e, de acordo com Beisiegel (2005), com essa ampliação do número de escolas produziu-se uma quebra entre os conteúdos ministrados pela escola e as expectativas e necessidades da clientela. À medida que a escola recebe crianças e jovens oriundos de vários setores da população, modificam-se os padrões de conteúdo e de acolhimento pelas unidades escolares. Ainda que, especialmente a partir do final da primeira década do século XXI, essa ampliação não se verifique da mesma forma e parte da demanda por educação escolar tenha sido assumida pelas escolas privadas, os sistemas públicos ainda assumem a maior parte da população escolar e o investimento previsto nos documentos legais brasileiros continue sendo aquém das necessidades para a oferta de uma educação de qualidade para todos (Nóvoa, 2022).

A questão que se impõe, entretanto, é que com essas transformações os docentes enfrentam situações de mudança que os obrigam a fazer o seu trabalho de forma precária e, ainda assim, são culpabilizados pelas falhas do sistema de ensino. Com a ocorrência da pandemia Covid-19, esse quadro frente às transformações sociais, econômicas e políticas aceleradas só foi aprofundado, exigindo que olhemos com mais cuidado para uma escola cujo modelo que conhecemos tende a se extinguir e para a formação dos professores que exercerão profissionalmente a docência em uma outra escola (Nóvoa, 2022).

Diante desse cenário, concordamos com Pimenta (2010), ao afirmar que essa não é uma tarefa simples e necessita ser o resultado de um esforço e de uma construção coletiva da escola, que envolve seus diferentes sujeitos: professores, funcionários, gestores, famílias de alunos e comunidade, além de sindicatos, os governantes e outros grupos sociais organizados. Tal autora afirma que "[...] entendendo que a democratização do ensino passa pelos professores, por sua formação, sua valorização profissional, suas condições de trabalho, as pesquisas têm apontado para a importância do investimento no seu desenvolvimento profissional" (Pimenta, 2010, p. 12).

Nóvoa (2001, p. 6), na mesma direção, afirma que "[...] neste século, devido à complexidade do fenômeno educativo, à diversidade das crianças que estudam e aos dilemas morais e culturais que seremos chamados a enfrentar, teremos de repensar o horizonte ético da profissão". Segundo o autor, este século será marcado pela instabilidade e pela incerteza e tal "atitude ética" dependerá da possibilidade de compartilhamento efetivo entre os pares, no sentido de tornar a experiência coletiva, a partir da narrativa partilhada por meio das conversas cotidianas, mas também da produção escrita, oportunizando a reinvenção de um sentido ético e cultural para a escola. Para Nóvoa (2001, p. 6), "Precisamos reconhecer, com humildade, que há muitos dilemas para os quais as respostas do passado já não servem e as do presente ainda não existem". O autor aprofunda este pensamento nos textos já produzidos nesse primeiro quarto de século XXI e defende a ideia de que a escola não deva se extinguir, mas assumir nova forma e que, nesse contexto, um novo olhar para a formação de professores será exigido.

A partir desse cenário complexo, pensamos a formação dos professores para atuarem na educação escolar. Segundo Nóvoa (2001, p. 2), o aprender contínuo é essencial na profissão de professor, pois ele é parte do processo formativo que deve "[...] se concentrar em dois pilares: a própria pessoa do professor, como agente, e a escola, como lugar de crescimento profissional permanente". O autor ainda afirma que

> [...] a formação é um ciclo que abrange a experiência do docente como aluno (educação de base), como aluno-mestre (graduação), como estagiário (práticas de supervisão), como iniciante (nos primeiros anos da profissão) e como titular (formação continuada). Esses momentos só serão formadores se forem objeto de um esforço de reflexão permanente (Nóvoa, 2001, p. 2)

Nesse sentido, para o professor trabalhar a formação de um aluno, ele necessita pensar-se como sujeito da sua própria formação e importa como condição de possibilidade da sua ação docente o conhecimento prévio, os saberes profissionais docentes que construiu a partir de sua formação acadêmica – conteúdos e métodos – e ao longo de sua vida, na forma de experiência singular, individual e grupal, contingente (Larrosa, 2015). Contudo, foram inúmeras as situações em salas de aula nas quais presenciamos a prática pedagógica, o ensinar, a exploração e a ampliação dos conhecimentos prévios do aluno ficarem prejudicados pela existência de um repertório de saberes restrito por parte do professor.

Assim, buscando dar conta dos objetivos propostos, o presente artigo foi estruturado em cinco seções. Inicialmente, nas notas introdutórias, compomos o cenário em que o estudo apresentado foi desenvolvido, considerando o recorte, as motivações e anunciando alguns conceitos operados. Na segunda seção, logo a seguir, apresentamos aspectos metodológicos e caracterizamos os professores-narradores que colaboraram com a investigação. Na seção intitulada "Sempre referências: professores que constituem o professor que somos através da vida" buscamos mostrar, a partir das narrativas dos professores, como o espaço escolar e os docentes que povoaram suas experiências formativas ainda constituem as suas identidades profissionais e orientam suas práticas pedagógicas. Em "Saberes da experiência, trânsitos culturais e memória: um mundo que forma professores para além da escola" procuramos iluminar, nas histórias tecidas pelos professores-narradores, os diferentes "lugares de aprendizagem" (Ellsworth, 2005), fora do âmbito escolar, que se constituíram culturalmente pedagógicos, e que compõem os saberes de experiência, presentes no cotidiano das salas de aula desses docentes. Finalmente nas "(In)Conclusões", buscamos sintetizar os achados da pesquisa e apontar a potencialidade do aprofundamento dos estudos sobre os saberes docentes, destacadamente sobre os saberes da experiência, para uma compreensão mais ampla da identidade profissional dos professores e de suas práticas docentes.

Histórias de vida e formação de professores

Nesse sentido, trabalhar com narrativas que (re)constroem as histórias de vida de professores a partir de suas memórias, constitui um desafio metodológico pela diversidade de registros que, no decorrer da pesquisa, podem emergir. Arfuch (2013), da mesma forma que Bosi (2015), ao analisar as possibilidades de pesquisa com narrativas (auto)biográficas e memória, assinala que essas narrativas decorrem de processos reflexivos sobre as vidas dos participantes da investigação, sejam eles narradores colaboradores ou pesquisadores.

Para a realização desta investigação na perspectiva da pesquisa narrativa (Clandinin; Connelly, 2015), inspiradas em Cunha (2014) e Nóvoa (2009), a partir do reconhecimento das imagens em circulação no campo da Educação, estabelecemos as características do que é considerado um "bom professor", bem como verificamos quais seriam suas práticas a partir das histórias que contam (Contreras, 2016). Essas histórias narradas, como argumenta Bosi (2015)[16], estão fortemente ancoradas na memória, simultaneamente individual e coletiva, que é um instrumento precioso para a (re)constituição das cenas cotidianas como parte de uma história social mais ampla. Nessa perspectiva, a memória opera como uma espécie de mediador entre gerações, espaços e tempos; trabalha como um intermediário informal da cultura que faz intervir pontos de vista contraditórios, distintos, e, aí, se encontra sua maior riqueza para a pesquisa com narrativas.

Assim, por indicação dos diversos atores que compõem a comunidade escolar de Presidente Prudente, selecionamos e ouvimos seis professores-narradores, quatro mulheres e dois homens, considerados "bons professores". A partir de entrevistas narrativas em profundidade[17], desenvolvidas em três encontros de aproximadamente duas horas cada um, tecemos em conjunto com cada um suas histórias de vida, pois, como aponta Larrosa (2015), são as narrativas linguagens da experiência que nos possibilitam conhecer sujeitos individuais e coletivos e suas práticas (diríamos profissionais) cotidianas.

---

[16] A concepção de memória desenvolvida por Bosi (2015), tomada aqui de empréstimo, demanda a articulação de duas concepções: memória como algo que se produz na relação do indivíduo com o coletivo e memória como trabalho e matéria. A primeira concepção parte dos estudos desenvolvidos por Halbwachs (2006). Tal autor afirma que nossas lembranças individuais possuem traços comuns com nossos contemporâneos, coetâneos e conterrâneos que se fundem produzindo memórias coletivas. Já a segunda concepção está fundamentada nos estudos de Bergson (2004), para quem nossa memória internamente parte de uma imagem qualquer e, a partir de associações, vai como que tocando outras imagens do passado, recordações, que formam um primeiro sistema numa organização móvel que está na base da diversidade de relações que cada pessoa pode produzir sobre um mesmo fato.

[17] Arfuch (2010) aponta a entrevista narrativa em profundidade como um dispositivo de pesquisa próprio para o trabalho com histórias de vida, narrativas (auto)biográficas ou etnografia. Explica que os entrevistados, a partir de um tópico proposto, discorrem sobre ele livremente, com quase nenhuma intervenção do pesquisador, permitindo a reflexão sobre a experiência vivida em articulação com a memória individual e coletiva. Essa modalidade de entrevista, geralmente, ocorre de maneira informal, em uma série de sessões de duas a três horas de duração. A partir da primeira sessão, mediante a transcrição da narrativa anterior do entrevistado, diferentes aspectos são aprofundados e retomados em sessões subsequentes.

Como procedimento metodológico, todas as narrativas foram gravadas, sessão a sessão, transcritas e reapresentadas na sessão seguinte para aprofundamento/correção de aspectos que os professores narradores julgassem necessários. Na transcrição, mantivemos as falas como foram enunciadas, sem correções, observamos as características paralinguísticas da fala, como a demonstração de sentimentos, a postura corporal, o olhar, o tom de voz, as pausas, as satisfações, as decepções, os discursos, as experiências escolares, profissionais e não escolares implicadas na constituição dos saberes pedagógicos dos professores-narradores.

A análise das narrativas seguiu a concepção compreensiva-interpretativa de Souza (2014), que propõe relacionar as narrativas individuais e coletivas. Em um primeiro momento, todas as narrativas foram lidas de forma exploratória com o objetivo de construir o perfil de cada um dos professores-narradores, identificando singularidades, regularidades e irregularidades dos membros do grupo. Essa leitura cruzada permitiu estabelecer relação entre aspectos individuais e coletivos, fazendo intersecções conforme as unidades temáticas elaboradas no estudo. Posteriormente, realizamos a leitura temática, o que possibilitou reconstruir o conjunto das narrativas a partir das unidades temáticas de análise – aqui apresentadas como os diferentes modelos de professores que compõem a identidade profissional dos professores-narradores por meio da vivência escolar e os lugares de aprendizagem experienciados por eles em diferentes trânsitos culturais, que compõem seus saberes de experiência e produzem práticas docentes –, apreendendo as sutilezas, o indivisível, as subjetividades, as diferenças e as regularidades históricas que comportam as fontes (auto) biográficas (Souza, 2014). O agrupamento das unidades de análise possibilita a compreensão- interpretação das narrativas. E finalmente realizamos a análise interpretativa-compreensiva das narrativas por temática, considerando as leituras e as releituras individuais e coletivas de suas unidades, interpretando os acontecimentos narrados à luz do referencial teórico e buscado compreender e dar sentido às histórias produzidas.

Esses professores-narradores que colaboraram com a pesquisa tinham idades entre 31 e 55 anos, graduados em diferentes licenciaturas – Pedagogia, Geografia, Artes Visuais, História, Letras e Matemática – em universidades públicas e privadas, principalmente da região oeste paulista, mas também de outras regiões do estado, outros estados e países. Alguns acumulavam a formação pedagógica recebida em cursos em nível médio de magistério ou de nível superior, em uma segunda graduação em Pedagogia. Todos já eram professores experientes com mais de cinco anos de exercício profissional e, a partir da assinatura do Termo de Consentimento Livre e Esclarecido (TCLE), como exige a ética na prática da pesquisa (narrativa)[18], fizeram questão de serem identificados por seus nomes, advogando a necessidade de que suas narrativas estivessem ligadas diretamente às suas identidades (individual e coletiva) no âmbito da comunidade de professores de Presidente Prudente.

Interessa aqui destacar que todos os seis professores cursaram os primeiros anos de escola em redes públicas, geralmente em escolas menores, localizadas no próprio bairro de residência, em que os colegas eram também integrantes da comunidade próxima. Duas professoras iniciaram sua escolarização na cidade de São Paulo. Débora, graduada em Letras, com 17 anos de carreira, deixou a capital do estado indo residir no interior por contingências familiares antes de finalizar os anos iniciais do ensino fundamental. Brena, também graduada em Letras, com seis anos de experiência, cursa todo o ensino fundamental na cidade de São Paulo, em uma escola narrada por ela como "de periferia", mas no primeiro ano do ensino médio, também por contingências familiares, muda-se para o Japão, retornando somente no final desta etapa da escolarização. Adriano, graduado em História, inicia sua escolarização no interior paranaense, para logo depois mudar-se para Presidente Prudente, onde conclui a educação básica e inicia o ensino superior em uma universidade privada, mas o conclui em Florianópolis, na Universidade Federal de Santa Catarina (UFSC).

Sempre referências: professores que constituem o professor que somos através da vida

Constatamos que este aspecto relativo à formação de professores também se faz presente na sala de aula universitária de outras áreas do conhecimento. Como abordamos em outro texto (Quadros; Leite, 2019), ao ministrarmos a disciplina voltada à teoria e à prática profissional

---

[18] Durante o processo de produção das narrativas, antecedendo as entrevistas, os participantes foram convidados e receberam a cópia impressa do Termo de Consentimento Livre e Esclarecido (TCLE) com informações sobre a natureza da pesquisa, sobre o seu envolvimento, riscos, benefícios, e sobre a confidencialidade. Aqueles professores-narradores que aceitaram participar da investigação, assinaram o referido Termo, recebendo uma cópia devidamente assinada também pelos pesquisadores. A participação nesta pesquisa não infringiu as normas legais e éticas. Os procedimentos adotados pelos pesquisadores obedeceram aos princípios éticos estabelecidos pelas normas vigentes, conforme a Resolução n.º 510/16 do Conselho Nacional de Saúde, e pelo Código de Ética do Antropólogo, em razão da natureza da pesquisa (Disponível em: http://www.portal.abant.org.br/codigo-de-etica/. Acesso em: 20 out. 2022).

docente no ensino superior, oferecida a alunos de diferentes programas de pós-graduação, iniciávamos o semestre buscando (re)conhecer quais imagens de professor tinham construído aqueles profissionais, pensando a sua prática futura como professor. Invariavelmente, os alunos retomavam suas experiências em outros espaços e tempos escolares desde a infância para construírem narrativas traçando um perfil do professor que gostariam de ser.

Destacamos que esse trabalho de rememoração ocorria a partir das "experiências sofridas", no sentido empregado por Larrosa (2015), quando afirma que a experiência é algo que nos passa, nos atinge, nos conforma em um processo de padecimento no interior do qual somos interpelados, nos constituindo simultaneamente em pacientes e agentes de movimentos de transformação. Segundo este autor, o sujeito da experiência está aberto à sua transformação e este processo exige o que denomina gesto de interrupção, ou seja, "parar para pensar, parar para olhar, parar para escutar" (Larrosa, 2002, p. 24) a si e ao outro. Nessa perspectiva, comungamos com o pensamento de Houssaye (2004 *apud* Teixeira, 2012), quando afirma que necessitamos pensar a formação como experiência, como um processo abrangente[19] envolvendo as múltiplas dimensões da pessoa do professor que, articulando "[...] continuidade e rupturas, assimila novos dados, relativiza-os, insere-os em seu repertório pessoal, reelabora a vivência pela reflexão, bem como identifica resistências e aberturas" (Teixeira, 2012, p. 119).

Tal como Teixeira (2012), tomando como base o pensamento de Larrosa (2015, 2002, 1996) e Houssaye (2004 *apud* Teixeira, 2012), pensamos o saber da experiência como aquele que se produz no espaço entre o conhecimento e a vida humana cotidiana; que é adquirido na medida em que os professores respondem ao que lhes acontece e ao modo como atribuem sentido a isso.

No caso da professora-narradora de outra pesquisa (Quadros; Santos, 2017), nem sempre as memórias relativas à escola e seus professores eram positivas. Ela relata que decidiu "ser professora" para ajudar aqueles com mais dificuldades, a partir de situações vividas em seu primeiro ano de escola, em uma escola pública. Conforme a sua narrativa, até aquele

---

[19] O conceito de experiência adotado por nós, nessa pesquisa, tem sido intensa e extensamente desenvolvido por Larrosa (2015, 2002, 1996) em diversas obras e artigos, ente os quais os referidos ao final. No decorrer desse texto trouxemos diferentes aspectos e características da experiência em consonância com os objetivos do mesmo.

momento, não tinha consciência de que era pobre, negra e moradora da periferia. Para ela, todas as crianças eram iguais.

> *Percebi que não era assim quando uma colega foi reprovada e a professora falou na frente de todos sem nenhuma preocupação com os seus sentimentos. Senti uma vergonha danada! A professora, que era uma mulher alta, forte, não tinha paciência com a gente, especialmente com aqueles que tinham muita dificuldade para aprender as letras e os números que a escola tinha como fundamento principal do conhecimento. Ainda consigo vê-la em meus pensamentos e até sou capaz de ouvir sua voz. Um dia uma colega estava em pé, ao lado da lousa, apontando o lápis, quando a professora se aproximou da carteira da menina e percebeu que a lição não estava terminada. Diante da lentidão da menina para fazer as atividades disse aos gritos: "Nem terminou a lição, essa negrinha!". Todos ouviram, a menina se encolheu toda. Eu que era da mesma cor da menina, fiquei aterrorizada. A professora deveria educar, cuidar e preparar as crianças para conviverem com as diferenças, mas não foi assim. Naquele momento pensei que queria ser professora e que na minha sala ninguém iria passar por aquilo, eu queria ajudar me tornando uma professora... (Prof.ª Simone, 2017).*

Pensando sobre o bom professor e suas práticas, Cunha (2014b) registra que há uma concordância entre professores e alunos por ela pesquisados sobre as características atribuídas aos bons professores. As escolhas, segundo ela, são valorativas, e dependem "do referencial e da experiência do sujeito que atribuiu valor" (p. 47), e estão, de várias formas, condicionadas pela história de vida de cada um, história essa que transcorre em um tempo e em um lugar singulares.

A mesma autora, fundamentada em Michelat (1985, p. 149 *apud* Cunha, 2014a), argumenta que é importante apreender esses "modelos" de forma contextualizada, pois mediante essas escolhas é possível identificar modelos de culturas também escolares

> [...] presentes numa sociedade através das diferentes trajetórias de vida, levando em conta os processos de socialização vividos e as influências recebidas, conscientes ou não, de diferentes grupos aos quais os indivíduos já pertenceram ou pertencem ainda (Cunha, 2014a, p. 47).

Cunha (2014b) afirma que os alunos, quando indicam em suas narrativas as características desse professor, o fazem de maneira entrelaçada, pois têm dificuldade de "dicotomizar" a sua imagem. Dito de outra forma, para os alunos colaboradores da pesquisa de Cunha, o "bom professor" tem as condições básicas de conhecimento de sua matéria de ensino, habilidades para organizar suas aulas, uma boa metodologia de ensino, além de manter relações positivas, passando sem dúvidas "pela capacidade que o professor tem de se mostrar próximo, do ponto de vista afetivo" (Cunha, 2014b, p. 150)

Contudo, Cunha (2014b) destaca que os alunos raramente apontam o bom professor em razão de seu posicionamento político, ainda que pareça claro que o comportamento do docente manifesta uma postura política. Para a autora essa é uma dimensão não suficientemente apreendida por aqueles alunos colaboradores como fundamental ao bom professor. Para eles, "o bom professor é aquele que domina o conteúdo, apresenta formas adequadas de mostrar a matéria e tem bom relacionamento com o grupo" (Cunha, 2014b, p. 151).

Sobre quem é o bom professor, mais contemporaneamente, Nóvoa (2009) comenta a impossibilidade de defini-lo sem cair nas listas intermináveis de atributos, mas aponta cinco disposições que caracterizaram o trabalho docente nas sociedades contemporâneas:

> [...] assumir uma forte componente prática, centrada na aprendizagem dos alunos e no estudo de casos concretos, tendo como referência o trabalho escolar; passar para "dentro" da profissão, baseando-se na aquisição de uma cultura profissional e concedendo aos professores mais experientes um papel central na formação dos mais jovens; dedicar uma atenção especial às dimensões pessoais da profissão docente, trabalhando essa capacidade de relação e de comunicação que define o tacto pedagógico; valorizar o trabalho em equipe e o exercício coletivo da profissão, reforçando a importância dos projetos educativos de escola; e caracterizar-se por um princípio de responsabilidade social, favorecendo a comunicação pública e a participação profissional no espaço público da educação (Nóvoa, 2009, p. 203).

Em publicação recente, sob o título *Escolas e Professores: proteger, transformar, valorizar*, Nóvoa (2022) retoma essas disposições já trabalhadas anteriormente no texto *Firmar a posição como professor, afirmar a profissão docente*, de 2017, e afirma que, a partir da necessidade de se pensar a escola, principalmente após a pandemia Covid-19, e sua necessária metamorfose, é urgente também (re)pensar a formação de professores (Nóvoa, 2017).

Assim, foi num contexto mais amplo, que encontramos professores, professores/alunos de diferentes escolas, procurando compreender como trabalhavam suas práticas profissionais docentes como possibilidade de ampliação dos conhecimentos prévios dos estudantes, e começamos a nos questionar sobre quem eram estes sujeitos docentes, que saberes profissionais – da experiência, do conhecimento e pedagógicos (Pimenta, 2008) – necessitavam mobilizar para dar conta de sua atividade profissional, tomada, principalmente, como mediação do conhecimento disponível a partir de múltiplas fontes[20], tecnologias não tão novas, como o livro, e nem tão velhas, como as múltiplas telas digitais. Esses questionamentos fizeram com que retomássemos o contato com as políticas públicas relativas à educação, principalmente, com aquelas que se referem à formação docente e relação com a melhoria da qualidade da escola pública.

A narrativa da professora citada a partir de outro estudo (Quadros; Santos, 2017) põe a descoberto uma experiência que a produziu a professora como é. Depois de graduar-se em licenciatura em Pedagogia e estar atuando junto a alunos com necessidades educacionais especiais na rede pública municipal, ainda retoma essa cena ocorrida na escola como uma referência quanto à sua identidade profissional e étnico racial.

Já a professora Regina e o professor Adriano vivem a decisão de tornar-se professores com referências em experiências diferentes e positivas. Adriano vem de uma família de professores, desejava ser um bom professor. Regina cita duas tias paternas professoras, e delas recebeu o seu nome. Sua decisão estava ligada à vontade da mãe de que ela tivesse independência, pudesse se sustentar, e cursar o magistério era uma possibilidade rápida e efetiva para que isso se concretizasse. Contudo, lembra que tanto a professora Leontina, do primeiro ano, como a professora do terceiro ano e a professora Maria Rosa Lasso, de Português no

---

[20] Nóvoa (2022) argumenta que a educação, em pleno século XXI, já não cabe mais no formato escolar do final do século XIX. Contrapondo-se aos argumentos de que a escola e os professores não teriam mais lugar no contexto atual, principalmente pós pandemia Covid-19, quando as tecnologias digitais e outras formas de ensinar e aprender foram intensamente experienciadas, ressalvadas as desigualdades, afirma que a escola precisa ter a coragem para mudar de forma, metamorfosear-se. Advoga que esse processo de transformação deve ser construído a partir de realidades e experiências que já existem nas escolas, do trabalho que já é feito por muitos professores, sem esquecer, contudo, que "*...+ a escola é um bem público e um bem comum, isto é, que tem um propósito público, e não apenas privado, que tem um propósito comum, e não apenas individual" (Nóvoa, 2022, p. 17)

ginásio, foram exemplos de docentes que transformavam a escola em um lugar de prazer, "quase uma segunda casa", e, portanto, modelos de bons profissionais.

> *Eu acho que começou assim, começou com um desejo da minha mãe. [...] Eu não lembro de ela falar diretamente, [...] [como se lembrasse de uma pista]. [...], eu tenho um nome que é Regina Helena, o nome das minhas duas tias, professoras, irmãs do meu pai. Eu acho que a coisa começa ali. E assim, eu sempre fui uma excelente aluna. A escola era um lugar para mim onde... não sei se a gente fala estas coisas, segunda casa, mas a escola era quase a primeira casa, era um lugar onde eu realmente me sentia potente, sabendo fazer as coisas e tive professores interessantes, eu me lembro que eu tive...a minha professora alfabetizadora, a dona Leontina, ela trabalhou com uma cartilha que chamava Eu sou o Dudu, não era a Caminho Suave, todo mundo tinha que ser alfabetizado com a Caminho Suave... A minha turma tinha uma cartilha diferente. Era uma cartilha que você comprava, destacava todas as folhas, e depois ela ia entregando folha por folha. Tinha um processo diferente de aprendizagem, com mais textos e tal [...] depois eu tive uma professora de terceiro ano, muuito legal, a gente escreveu muito com ela... com ela eu ganhei meu primeiro livro, Memórias da Emília [ri lembrando do fato]. Eu fazia redação muito bem! Ela que me deu. [risos] Então assim, a escola foi assim, foi um processo. A escola foi pra mim uma coisa muito prazerosa neste sentido, então acho que isso contribuiu...* (Prof.ª Regina, 2017).

Já o professor Adriano, graduado em História, afirma que desde muito pequeno, ainda na sua cidade de origem, no interior do estado do Paraná, desejava ser um bom professor e que a avó, também professora de História, foi uma inspiração. Segundo ele, da mesma forma, outros professores com os quais conviveu durante a sua vida o constituíram o professor que é. Ele, entretanto, relembra que no final do ensino médio – já morando com a mãe separada e um irmão na casa de uma tia em Presidente Prudente – foi pressionado pela família para decidir sobre qual carreira profissional seguiria e que, mesmo com a oposição dos homens da família, predominantemente médicos, advogados e engenheiros que atribuíam pouco valor à profissão de professor em razão das condições de trabalho e baixa remuneração, uma profissão sem o reconhecimento social e cultural, segundo a fala dos tios; com o apoio da avó, professora de História, e com base em imagens positivas de seus professores, decidiu pela formação docente.

> *Eu tenho estas várias referências. E agora acabei de me lembrar da dona Josefa, lá da terceira série. A primeira professora que me deixou de recuperação... eu apanhei tanto por culpa dela!!! Era uma senhorinha já, ma-ra-vi-lho-sa, ensinava e impunha respeito sem precisar erguer a voz...e isso é algo que eu estou tentando... chamar a atenção sem gritar, mas num sexto ano, no meio de 40, depois do almoço, não dá! Então estes professores cada um com o seu jeitinho foi dando algumas lições que, sem perceber, eu fui armazenando e que hoje muitos deles estão voltando* (Prof. Adriano, 2017)

A própria professora Regina, que depois do magistério cursa licenciatura em Geografia, afirma que aprende todos os dias, ao longo dos seus mais de trinta anos de carreira à época da entrevista, com seus alunos e colegas, é lembrada por Adriano como um modelo de professor a ser seguido:

> *[...] ela dava aula de forma sen-sa-si-o-nal. Ela explicava, ela desenhava... Até hoje eu tento aprender... Como eu queria desenhar mapas como ela desenha porque quando eu vou desenhar o mapa do Brasil, os alunos perguntam: "Professor porque que o senhor desenhou uma coxa de frango no quadro?". Caramba! [...] as aulas que a Regina dava com um conhecimento imenso, com uma didática acessível... Porque numa turma sempre tem aqueles que acompanham rápido e tem aqueles que são mais lentinhos e ela sabia atingir a todos. [...]. Então todos estes professores, cada um com a sua metodologia, com a sua didática... Acho que eu fui absorvendo aquilo e aquilo foi ficando no inconsciente. E hoje eu vejo muito destes professores quando eu vou dar aula. Por exemplo [...] aí eu vou prá aula com muito mapa, trabalho com as estruturas de poder, de fronteira que tem muito na História e penso: como é que a Regina poderia explicar isso* (Prof. Adriano, 2017)

As histórias de vida dos professores-narradores nos possibilitaram observar como diferentes experiências vividas na escola e na família estão implicadas nas suas práticas pedagógicas cotidianas e de que forma, por meio da ressignificação das experiências, se trans-formam. Tardif (2012a, 2012b) argumenta que os saberes profissionais de experiência dos professores são plurais, mobilizadores das dimensões cognitivas e praxiológicas, porque elaborados da própria ação docente, são incorporados a ela e servem para guiá-la, regulá-la, realizá-la e transformá-la. Nesse sentido, pensar os saberes de experiência como catalizadores e filtros dos demais saberes profissionais docentes – pedagógico, disciplinar, acadêmico –, oportuniza observar que é nessa dimensão dos saberes que parecem residir as possibilidades do pessoal e do profissional dos professores engendrarem as transformações em suas práticas. Mas esses saberes não são produzidos somente a partir da família e da escola, outros lugares e tempos das vidas dos professores concorrem para que eles sejam produzidos.

É sabido que a Educação, como qualquer outra ciência, é dinâmica. Apesar de ser comum o discurso de que a escola permanece a mesma, se comparada a outras áreas do conhecimento, consideramos que essa estagnação só se dá grosso modo no âmbito de sua estrutura física. Ratificar esse discurso seria, no mínimo, negar toda a evolução tecnológica e científica que se deu ao longo do século passado. Mais ainda, negar todos os movimentos que ocorreram em busca de uma educação pública gratuita e de qualidade para a população menos favorecida da sociedade brasileira.

Tardif e Lessard (2014) afirmam que o ofício docente, o ensino, bem como a escola não mudam no mesmo ritmo que tantos outros fenômenos. Recorrendo a estudo desenvolvido por Cuban (1993 *apud* Tardif; Lessard, 2014) sobre as práticas profissionais de professores, os autores mostram que muitos professores de hoje atuam como os professores da escola do século XIX ou início do século XX. Destacam que a escola e os professores em suas práticas têm tido muita dificuldade em se integrar às mudanças em curso, de fugirem ao "tradicionalismo". Contudo, como Cunha (2014a) argumenta, a construção da imagem da escola e dos professores está articulada a uma dada sociedade, a um tempo e espaço específicos, que de certa forma produzem as práticas profissionais de professores e a maneira como estas são valoradas.

Esse modo de tratar o profissional de educação que se tornou tradição em nosso país interfere diretamente em seu trabalho em sala de aula e, consequentemente, na qualidade da educação que é oferecida às nossas crianças e jovens. Muito comum ainda é o discurso de que todo o mal da educação é de responsabilidade única e exclusiva do professor. Conforme Leite (2011), há mais elementos que precisam ser considerados e é importante que a formação de professores seja tratada de uma forma mais integral. Nesse sentido, é necessário que se compreenda o papel da escola pública para que se possa almejar a compreensão do papel do professor, ainda fortemente associado à ideia de dom como refere a professora Guadalupe.

> *A minha formação... eu assim... posso começar desde pequena, preciso voltar ao começo? Nunca pensei realmente sobre isso. [A professora muda a expressão do rosto e o tom de voz que se assemelham aos de uma criança tímida que solicita licença para fazer o que quer. O olhar volta-se para o teto e as mãos se juntam como que em uma prece, aliás esta posição do olhar, como se buscasse uma lembrança que está nas nuvens é muito reincidente]. Então assim. Eu fiz pré escola e a minha professora da primeira e da segunda série foi a mesma, não mudava. Essa professora, eu vejo no comportamento dela que ela ensinava quem ela queria e na segunda série eu já decidi que eu ia ser professora, que eu ia ser professora para ensinar os outros que a professora não ensinava. E assim, na primeira série [baixa a voz e faz sinal de negação com a cabeça] eu não fui uma boa aluna, passei tudo né, mas na segunda série parece que eu melhorei, olhando os meus boletins, assim. Aí a partir da terceira e quarta série eu já despontei como uma boa aluna. Uma boa aluna, tira nota boa, a professora elogia [ri]. Então quando eu cheguei na quarta série as professoras já falavam... porque eu sempre gostei de ensinar... meus amiguinhos, né elas falavam: ela tem dom mesmo para ser professora. Todo mundo que me conhecia falava que eu tinha dom para ser professora* (Prof.ª Guadalupe, 2017).

A professora Guadalupe marca também a escola e uma dada professora como referência importante na sua decisão de tornar-se professora. No decorrer da produção de sua história de vida, aponta esta professora como o contra modelo profissional. É a partir da professora que não queria ser que argumenta sobre suas escolhas na profissão docente e tem como orientação de sua conduta o direito de todos à educação de qualidade, mas ressalta que, mesmo esse bom professor, que busca ensinar a todos, às vezes não consegue fazê-lo, pois a escola não consegue efetivamente trabalhar, por exemplo, com o "bom aluno".

> *Olha, eu sou uma professora assim, eu não sei se este hábito é certo, mas eu há vários anos pratico isso... eu até falo na escola que o aluno bom na escola pública, ele não é... assim... valorizado... o aluno bom. Porque você faz planejamento e assim, tem que pensar naquele aluno que não sabe ler nem escrever, tem que pensar no aluno fraco. Lá na escola a gente está nesta discussão, né...* (Prof.ª Guadalupe, 2017).

Assim, nesse contexto a escola tem sido lugar privilegiado de socialização dos professores e seus saberes profissionais, ou seja, não aprendemos a "ser professores" tão somente nos bancos escolares dos cursos de formação docente. Não nos tornamos "bons professores" apenas nas salas de aula dos cursos de Pedagogia e outras licenciaturas. Aprendemos a ser professores durante toda a nossa vida, inscritos em diferentes culturas escolares e na convivência com pares que nos "apresentam e ensinam" diferentes modos de ser "um bom professor".

Pensamos que as práticas docentes parecem estar dentre aquelas que significam formas de integrar-se à cultura escolar contemporânea. Convivendo nesse contexto, percebemos que tais práticas aparecem como formas táticas (Certeau, 2011), da ordem do momento vivido e do lugar praticado, de uma espécie de "resistência" a determinadas injunções institucionais que se expressam no cotidiano a partir dos saberes profissionais e das regulações do trabalho docente.

Sob essa perspectiva, pensamos em tais práticas docentes como ações sociais que são aprendidas no cotidiano, que possuem determinados significados para aqueles que as produzem e para aqueles que as observam. As práticas docentes parecem atuar como marcadores identitários para definir quem pertence ou não a determinado contexto profissional escolar. Os docentes em suas práticas profissionais mobilizam saberes adquiridos durante sua história de vida de caráter pessoal, mas produzidos coletivamente a partir de seus grupos de pertencimento; saberes originados, como alunos, ao longo da sua escolaridade; saberes próprios da formação profissional nos cursos de magistério ou na formação universitária proporcionada pelos diferentes cursos de licenciatura. Tardif (2012a) ainda elenca dois outros tipos de saberes: aqueles que advêm dos programas e materiais didáticos variados, utilizados no cotidiano da atividade profissional; e aqueles oriundos da sua própria experiência em sala de aula e nos diferentes espaços da escola.

Nesse sentido, trabalhar com narrativas que (re)constroem as histórias de vida de professores, constitui um desafio metodológico pela diversidade de registros que no decorrer da pesquisa podem emergir. Arfuch (2013), da mesma forma que Bosi (2015), ao analisar as possibilidades de pesquisa com (auto) biografias e memória – elementos que compõem as histórias de vida –, assinala que as narrativas autobiográficas são processos reflexivos das vidas, tanto dos sujeitos participantes da investigação quanto dos sujeitos pesquisadores. A pesquisadora assinala que tais narrativas se constituem em uma trama simbólica com indubitável protagonismo da autorreferência que pode articular uma ampla gama de elementos.

Em direção similar, Nóvoa e Finger (2010), em *O método (auto) biográfico e a formação, a partir de textos de diferentes autores*, propõem que exploremos diferentes aspectos dos modos como indivíduos e, por extensão, grupos sociais, incorporam biograficamente os acontecimentos e as experiências de aprendizagem que os produzem ao longo da vida, a partir das possibilidades de análise que a pesquisa (auto)biográfica oferece.

Trabalhar com histórias de vida exige do pesquisador preparação prévia de um roteiro de aspectos a serem propostos ao informante no sentido de produzir os relatos orais, que podem ser ainda acompanhados por elementos que auxiliem no trabalho de ativação da memória. Nesse contexto, os lugares da memória podem ser considerados esteios da identidade social, monumentos que têm, por assim dizer, a função de evitar que o presente se transforme em um processo contínuo, desprendido do passado e descomprometido com o futuro (Bosi, 2015).

Saberes da experiência, trânsitos culturais e memória: um mundo que forma professores para além da escola

"Eu estudei numa escola de periferia, que era o Doutor José Foz, ali na Vila Marcondes, que era uma escolinha bem empobrecida [...], depois eu fui estudar..." (Prof.ª Regina, 2017); *"Eu vejo isso, o aluno periférico, ele tem essa barreira geográfica, assim, de não conhecer a cidade porque está longe!"* (Prof. Wesley, 2017). Essas afirmativas também foram reiteradas pelas (os) seis professoras/es narradoras/es que colaboraram para a efetivação da pesquisa, destacando o papel atribuído aos trânsitos culturais que experienciaram em suas vidas e que os formaram os professores que são, para além das culturas familiares, escolares e dos locais onde nasceram, pois inscritos em uma realidade histórica, social e coletiva que produz suas identidades, impacta suas ações e a forma como produzem sentido para os seus saberes profissionais de professor.

O ofício do professor, o ensino, bem como a escola, não muda no mesmo ritmo que tantos outros fenômenos, e a escola e os professores, em suas práticas, têm tido muita dificuldade em se integrar às mudanças em curso, de fugirem ao "tradicionalismo" (Tardif, 2012a) e às novas regulações que, a partir dos acontecimentos de 2016, na esfera político--governamental, têm imposto mudanças, muitas vezes contraditórias, nas condições de trabalho e na formação inicial e continuada dos profissionais docentes. Contudo, a construção da imagem da escola e dos professores está articulada a uma dada sociedade, a um tempo e espaço específicos, que de certa forma produzem as práticas profissionais de professores e a forma como estas são valoradas, como já afirmamos com Cunha (2014a).

Assim, consideramos que, para o professor trabalhar a formação de um aluno, importa como condição de possibilidade de sua ação docente os saberes profissionais que tenha construído a partir da sua formação acadêmica – conteúdos e métodos – e ao longo de sua vida, na forma de experiência singular, individual ou grupal, contingente (Larrosa, 2015). E também os modelos de bons professores que, de forma contextualizada, tenham sido eleitos.

Em nosso estudo, como já argumentamos, quase invariavelmente, os professores-narradores retomavam suas experiências em outros espaços e tempos escolares, desde a infância, para traçarem um perfil do professor que gostariam de ser ou ter sido. Alguns deles iniciavam a narrativa com afirmações como esta da professora Débora: *"Não tive professores que me marcaram. A minha educação foi totalmente tradicional, de professores que repreendiam de forma bem rígida o aluno, né"*. Mas que na sequência da conversa fazia referência a alguma situação ou professor cuja prática docente havia afetado a sua formação durante a trajetória escolar.

> *Aí eu sentava e todo mundo já me excluía. Eu me sentava na mesa sozinha. Era raro eu me sentar com alguém ou alguém sentar comigo. Por ser negra, [...]. Por ter o cabelo crespo... Apesar da minha mãe sempre me mandar muito arrumadinha para a escola, mas as crianças, elas faziam isso. O que mais. Eram poucas as amizades que eu tinha, às vezes até de outras salas. E por que que piorava a minha situação? Por isso que eu vigio para não fazer isso com os meus alunos. Eu era muito boa aluna* (Prof.ª Débora, 2017)

Tal como Teixeira (2012), tomando como base o pensamento de Larrosa (2015, 2002, 1996) e Houssaye (2004 *apud* Teixeira, 2012), como já enfatizamos, pensamos o saber da experiência como aquele que se produz no espaço entre o conhecimento e a vida vivida e é no âmbito da escola – principalmente da escola pública que no Brasil atende a maior parcela do alunado em idade escolar – que a maioria dos meninos e meninas compreende o papel do professor como agente de transformação que possibilite a superação das desigualdades. Nesse sentido, como afirma Rockwell (2014, p. 13),

> Permanecer na escola, em qualquer escola, durante cinco [ou mais] horas por dia, 200 dias ao ano, seis ou mais anos de vida infantil, necessariamente deixa marcas na vida. O conteúdo desta experiência varia de sociedade para sociedade, de escola para escola. Se transmite através de um processo real, complexo, que só de maneira fragmentária reflete os objetivos, conteúdos e métodos que se expõem no programa oficial. O conteúdo da experiência escolar subjaz nas formas de transmitir o conhecimento, na organização mesma das atividades de ensino e nas relações institucionais que sustentam o processo escolar.

No caso dos professores-narradores da pesquisa, nem sempre as memórias relativas à escola e seus professores eram positivas, como destacamos anteriormente com o relato da professora Guadalupe. Conforme a docente licenciada em Matemática e Pedagogia, a escola e uma dada professora foram importantes na sua decisão de tornar-se docente. No decorrer da produção de sua história de vida, aponta essa professora como o contra modelo profissional. Guadalupe relembra que as atitudes da professora a fizeram perceber que as crianças não eram todas iguais, pois aquelas que apresentavam maior dificuldade eram ignoradas, ridicularizadas, daí sua decisão de buscar sempre diagnosticar as necessidades de seus alunos e buscar estratégias e práticas que possibilitem a superação das dificuldades de aprendizagem.

A narrativa da professora Débora, já citada, põe a descoberto uma experiência que produziu a professora que é. Depois de cursar magistério no ensino médio e graduar-se em licenciatura em Letras, prestar concurso para a rede pública municipal e estar finalizando a licenciatura em Pedagogia, ainda retoma cenas ocorridas na escola como uma referência quanto à sua identidade profissional e étnico racial,[21] pois foi na escola que começou a "ter consciência de que era diferente", de que a cor da sua pele influenciava suas relações com as outras crianças.

Como evidenciamos, a escola tem sido lugar privilegiado de socialização dos professores e seus saberes profissionais, ou seja, não aprendemos a ser professores tão somente nos bancos escolares dos cursos de formação docente. Não nos tornamos bons professores apenas nas salas de aula dos cursos de Pedagogia e outras licenciaturas. Aprendemos a ser professores durante toda a nossa vida, inscritos em diferentes culturas

---

[21] As traduções de obras em espanhol e inglês referidas são de responsabilidade das autoras.

escolares e na convivência com pares que nos apresentam e ensinam diferentes modos de ser um bom professor, e em outros lugares de aprendizagem (Ellsworth, 2005).

Nesse sentido, podemos afirmar que as transformações socioeconômicas e políticas têm exercido fortes influências na educação e na formação de professores. A intensificação e a aceleração da produção do conhecimento científico impõem que (re)pensemos o que é necessário ensinar e aprender na sociedade atual. As mudanças nas formas de organização sociais e políticas apontam para novas e diversas formas de se viver, pensar e agir em um cotidiano sempre mais complexo. Mas quais saberes profissionais necessitam mobilizar os professores para dar conta de sua atividade profissional, tomada, principalmente, como mediação do conhecimento disponível a partir de múltiplas fontes, de tecnologias como as múltiplas telas digitais?

A partir dessa perspectiva, apoiamo-nos em Tardif (2012a), quando propõe olhar para saberes e formação docente a partir de certos fios condutores: o saber e o trabalho; a diversidade do saber; a temporalidade do saber; a experiência de trabalho enquanto fundamento do saber e saberes e formação de professores. Os docentes em suas práticas profissionais mobilizam saberes adquiridos durante história de vida de caráter pessoal, mas produzidos coletivamente a partir de seus grupos de pertencimento; saberes originados, como alunos, ao longo da sua escolaridade; saberes próprios da formação profissional nos cursos de magistério ou na formação universitária proporcionada pelos diferentes cursos de licenciatura.

Reafirmamos aqui que a experiência que está implicada nos saberes de experiência como produzidos não a partir do tempo de exercício de dada atividade é aquela padecida no sentido empregado por Larrosa (2015), já explicitado anteriormente. Dessa forma é que acreditamos que os trânsitos culturais aos quais os professores são expostos e as experiências sofridas a partir deles, os trans-formam, os com- formam nos bons professores que são. Tais trânsitos que se dão por meio de processos vividos e com outros, como identificamos nas histórias de vida dos professores narradores podem compreender desde o deslocamento do aluno de seu bairro de origem para o centro da cidade em razão da mudança de escola pela complexificação e organização da educação escolar, reconhecendo-se parte de algo mais amplo em nível de conhecimento de mundo; ao reconhecer-se, para além da categoria profissional de professor, parte da classe trabalhadora, ao ver-se aprendendo com trabalhadores da indústria ou rurais em um congresso nacional de uma central sindical, como narra a professora Regina:

> [...] Aí por conta da APEOESP [Sindicato dos Professores do Ensino Oficial do Estado de São Paulo] eu acabei convivendo com a CUT [Central Única de Trabalhadores][O olhar de Regina foca algo ao longe, para além de mim, como se visualizasse aqueles momentos que são narrados] e fui conhecendo uma outra dimensão de ser professora, de ser sindicalista, mas também ver os outros sindicatos, ou outros trabalhadores, isso pra mim foi... eu lembro assim... eu lembro a primeira vez que eu vi um metalúrgico fazer um discurso, porque eu estava acostumada a ver professores fazerem discurso, mas na hora que eu vi aquele metalúrgico, [...] num debate lá, fazendo um debate sobre conjuntura, eu me lembro que eu parei e fiquei assim [Regina complementa a resposta com a expressão facial de quem fica meio boba com o que está vendo, com os olhos arregalados e a boca e ombros caídos]. Aquilo deu uma revirada no meu cérebro (Prof.ª Regina, 2017).

A narrativa de Regina expõe o momento e o processo de mudança de ponto de vista sobre um mundo que não tinha sido contemplado em suas aprendizagens dos saberes profissionais desejáveis para uma professora de Geografia na sala de aula universitária do curso de licenciatura. Quando narrou esse dar-se conta das diferenças entre trabalhadores – os "braçais" e "os intelectuais", "os que pensam e os que agem", "os rurais e os urbanos", nas palavras da professora-narradora, como representados em discursos que circulam na sociedade por intermédio de narrativas justificadoras de lugares sociais, culturais, políticos –, dos seus preconceitos com outros trabalhadores, Regina, ao final, fez o gesto acompanhado de uma afirmativa que repetia a cada sequência de sua narrativa: complementou o relato com um gesto circular, quase espiralado, com a mão, e afirmou: *"e tudo isso mudou a minha forma de estar em aula, de me relacionar com os alunos e com o conhecimento, de compreender o mundo para ensinar a compreendê-lo"* (Prof.ª Regina, 2017). A professora explicava na sequência que esta necessidade do gesto, esta atitude corporal, estava ligada ao fato de "ser" de origem italiana, e os italianos "falam com as mãos".

O gesto e o dar-se conta da professora Regina ganham significância maior quanto aos saberes da experiência implicados nas práticas docentes quando retomamos esse momento como o gesto de interrupção do sujeito da experiência aberto à transformação que para e pensa no que (lhe) acontece, a fim de olhar o que o afetou a partir dos saberes já produzidos e incorporados como conhecimentos prévios e a partir de outra perspectiva, para e escuta a voz, o gesto do outro como explicitado por Larrosa (2002). Para o autor, a partir de estudo de Martin Jay (*apud* Larrosa, 2015, p. 9-10)[22], a experiência não sendo "uma realidade, uma coisa, um fato, não é fácil de definir nem de identificar, não pode ser objetivada, não pode ser produzida", mas é algo que ao (nos) acontecer, nos faz pensar, nos faz sofrer ou gozar, algo que luta pela expressão e que, às vezes, se converte em "canto" que atravessa tempo e espaço e ressoa em outras experiências. Algo que, algumas vezes, luta contra formas dominantes de linguagem, de pensamento, de subjetividade.

É nesse sentido que arriscamos pensar com Larrosa (2002, 2015) e Tardif (2012a, 2012b) sobre os saberes da experiência como catalizadores dos saberes acadêmicos e pedagógicos que dizem respeito ao domínio dos conteúdos programáticos específicos a serem ensinados e aos conhecimentos relativos ao como ensinar, para além da perspectiva do professor como um transmissor/reprodutor de conhecimentos ou monitor de programas pré-elaborados, mas daquele professor que, conforme argumentado por Pimenta (1997, 2008), é cada vez mais necessário como mediador de processos constitutivos da cidadania dos alunos no sentido da superação das desigualdades.

Acreditamos que, aliado às culturas, o conceito de pedagogias culturais possibilita compreender melhor a articulação entre os trânsitos culturais e a produção dos saberes profissionais (da experiência) de professores. No artigo Pedagogia: a arte de erigir fronteiras, Albuquerque Júnior (2010, p. 21) argumenta que a escolarização da educação nas sociedades contemporâneas tem tornado quase inexistentes "as reflexões sobre processos de educação dos corpos e das subjetividades humanas que se passam fora do recinto das escolas". Indica ser imperativo que se ampliem as possibilidades de pensar outras formas de educação e pedagogias, pois

> [...] vivemos em sociedades e culturas em que uma multiplicidade de pedagogias opera no cotidiano, visando elaborar

---

[22] Larrosa (2015) retoma a obra de Martin Jay, Cantos de experiencia. Variaciones modernas sobre um tema universal para argumentar como a "experiência" tem sido um conceito/termo tomado de forma apressada e intensa na tentativa de defini-lo ou explicá-lo. Jay, em sua obra, aborda a ideia de experiência desde Montaigne até Foucault e toma como ponto de partida a afirmação de Gadamer de que "'experiência' é 'um dos mais obscuros termos que possuímos'" (Larrosa, 2015, p. 9).

> subjetividades, produzir identidades, adestrar e dirigir corpos e gestos, interditar, permitir e incitar ou ensinar hábitos, costumes e habilidades, traçar interditos, marcar diferenças entre o admitido e o excluído, valorar diferencialmente e hierarquicamente gostos, preferências, opções, pertencimentos etc. (Albuquerque Júnior, 2010, p. 23)

O autor mostra que há um leque de possibilidades e ênfases para ampliar o entendimento e os usos do conceito de pedagogia, oportunizando olhar tanto para aquelas práticas realizadas em ambientes urbanos e cotidianos quanto para aqueles modos de viver em diversos contextos socioculturais implicados com a condução e a modelagem dos sujeitos nos espaços e tempos contemporâneos, destacando que nesses diversos contextos é possível compreender a multiplicidade de processos educativos que se desenrolam na contemporaneidade.

É nessa perspectiva que, a partir da obra *Places of Learning: Media, Architecture, Pedagogy*, Elizabeth Ellsworth (2005) indica aspectos que possibilitam evidenciar o caráter pedagógico da vida social, ressaltando as formas como as aprendizagens ocorrem em diferentes lugares onde o conhecimento é produzido para além dos muros das escolas e paredes das salas de aula. A partir da interação dos sujeitos com os ambientes físicos das cidades, como a arquitetura, os museus, as galerias e exposições de arte, bem como com os eventos realizados em determinados espaços públicos, é possível verificar a força pedagógica atuante em distintos locais, denominados por Ellsworth (2005) como lugares de aprendizagem.

A interação dos indivíduos com os lugares de aprendizagem é fundamental segundo a autora, e se realiza por meio de processos nem sempre lineares em que o conhecimento é produzido a partir de práticas e sensações. Ellsworth (2005) afirma que o conhecimento é entendido não como algo sempre em construção, e que o self não preexiste ao aprendizado, mas está constantemente em fabricação por meio das experiências que são proporcionadas a partir da interação do indivíduo com o mundo a sua volta.

O conceito de experiência trabalhado pela autora se aproxima daquele desenvolvido por Larrosa (2015, 2002, 1996), possibilitando que pensemos a qualidade existencial dos saberes da experiência, ou, como explica Larrosa (2015, p. 33), sua relação

> [...] com a vida singular e concreta de um existente singular e concreto. A experiência e o saber que dela deriva são o

que nos permite apropriar-nos de nossa própria vida. [...], [contingente, finita], [...] cujo sentido vai se construindo e destruindo no viver mesmo [...].

permitindo que pensemos que aquilo que impossibilita a experiência também impossibilita a existência, o que no contexto em que se inscreve nossa discussão se refere à pessoalidade e a profissionalidade do professor.

A professora Brena, quando narra a experiência de autonomia, ao buscar viabilizar o desejo de fazer teatro na escola, evidencia essa dinâmica:

> *Eu tava achando que eu era a dona do pedaço, rainha da cocada preta. [ri encabulada]. Aí eu levei este vermelho e acordei um pouco mais para a vida. E tem uma coisa da minha vida que eu lembro desta fase, da oitava série.... que eu não lembro como, nem por que... Qual foi o meu processo de autonomia para chegar nisso. Mas eu lembro que, sendo uma escola pública municipal, na periferia de São Paulo, eu e uma amiga, Aparecida, Cida, a gente resolveu fazer um grupo de teatro. E eu não lembro como que a gente recebeu esta orientação, mas eu lembro que eu liguei para a Secretaria de Cultura de São Paulo, ou para o Ministério, não sei o que era, sei que era um centro, que eu liguei, pedi para falar com alguém lá e disse prá alguém lá: "Olha, a gente tem uma escola aqui que tem interesse de fazer teatro, como é que funciona?". E disso mandaram pra gente uma diretora de teatro pra trabalhar com a gente uma vez por semana. O nome dela é Marcília Rosário. Até hoje, assim, a gente se encontra de alguma maneira pela internet. [...]. E a Marcília trabalhou com a gente, muito. E o primeiro texto que nós trabalhamos foi o Molière, Jean Baptiste Poquelin. Lembro que a peça era "O Casamento Forçado". Eu fui uma das personagens principais. Isso foi muito legal porque foi uma das fases que eu mais destravei assim. Foi a fase que eu estava desfocando demais e tirei o "NS" [Brena se refere ao conceito avaliativo Não Satisfatório]. Isso foi uma experiência surreal na minha vida* (Prof.ª Brena, 2017).

Conforme narrado pela professora Brena, a experiência de reivindicar algo no âmbito da escola, de buscar a concretização da possibilidade conhecendo instituições e seus trâmites foi uma experiência que marcou a vida, que a fez ver o mundo de forma diferente, mais ampla, rompendo as fronteiras de uma vizinhança próxima. Conforme a professora explicita em sua narrativa, com o teatro veio a necessidade/possibilidade de conhecer outras linguagens, outras culturas a partir da dramaturgia, fazer novos e diferentes amigos, conquistando um mundo que, ainda hoje, volta, entra na sua vida, expande as possibilidades de pensar como trabalhar em sala de aula com seus alunos, de propor projetos como o de um jornal escolar que ganhou o ambiente da internet e atualmente é uma importante mediação entre os alunos, a escola e a sociedade.

Segundo Ellsworth (2005, p. 2), é necessário "procurar a experiência de aprendizagem do self nos tempos e lugares do conhecimento em construção, que também são os tempos e lugares de aprendizagem do self em construção". Essa perspectiva adotada pela autora, de que não é somente o conhecimento que está em construção, mas o "eu" também está em permanente construção, por meio das relações, das interações com os outros e com o mundo, possibilitando identificar as experiências de aprendizagens em outros lugares que não a escola, que compõem os saberes profissionais de professores, e permeiam as suas práticas pedagógicas junto aos seus alunos.

Wesley, 39 anos, graduado em licenciatura em Artes Visuais, membro de grupos prudentinos produtores de arte de rua (*street art*), e professor em uma escola estadual de ensino fundamental – anos finais e ensino médio, narra seu primeiro contato com um museu, o Museu de Artes de São Paulo (Masp). Ainda não era estudante universitário quando foi visitá-lo pela primeira vez. Ao entrar, sentia que aquele lugar "não era para gente como ele", que ali "só entravam pessoas bem-vestidas, que falavam bem". Ressalta em sua narrativa que durante toda a visita observava os seguranças com a certeza de que seria retirado do local mais por suas roupas, por parecer não ter o direito de estar ali. Refletindo sobre essa experiência enquanto narra, repassa mentalmente a sensação de insegurança, inadequação e não pertencimento experimentadas naquela ocasião, e afirma de forma enfática:

> *Tudo aquilo foi muito forte, quando cheguei numa sala ampla que tinha uma tela enorme, não lembro nem de que artista era, sentei no banco em frente, meio tonto... Eu voltei no MASP outras vezes, aprendi muito, e agora, quando tô em aula, digo pros alunos que aquele também é o lugar deles, tem que sair do bairro, ir a museu, galeria, onde tiver coisa acontecendo de arte!"* (Prof. Wesley, 2017).

O professor Wesley a partir da experiência padecida, da reflexão sobre ela, orienta sua prática pedagógica e lança mão de saberes profissionais disciplinares associados à realidade da escola onde atua, incentiva seus alunos a visitarem museus e galerias, pois aquele também é o lugar deles e deve ser conquistado, rompendo com "barreiras geográficas" para alargar os horizontes de possibilidades, como argumenta em outro momento da sua narrativa, pensando sobre a vida enclausurada dos bairros de periferia, em razão dos discursos de insegurança.

> *A gente que é de periferia tem assim, essas barreiras invisíveis, de lugares que eu posso entrar e de lugares que eu não posso entrar. Eu não sabia que eu podia entrar na Unesp [Universidade Estadual Paulista "Júlio de Mesquita Filho"+, lá, sabe? Achei que era impossível isso lá. Eu nunca achei que era possível eu entrar na biblioteca, mesmo não sendo aluno e tu te identificava depois. A gente acaba depois se privando de coisas que poderia ter e nem sabe o porquê! Eu costumo orientar meus alunos assim: fazer ficha no Matarazzo [Centro Cultural Matarazzo, equipamento municipal de cultura, referência no município de Presidente Prudente] para pegar livros, ou na Unesp. A Unesp é pública. Quando tem algum sarau na Unoeste [Universidade do Oeste Paulista] eu ou algum teatro também eu informo, porque é importante sair do bairro também. Acho que isso também é importante, sair um pouco do lugar onde mora, do bairro onde mora. Você não enxerga, você só enxerga aquilo ali. O meu aluno ou enxerga subemprego, ou ser do tráfico, ou ser polícia. [...] Ele não vê horizontes, sabe? E eu acho que quebrando estas barreiras, pelo menos as geográficas, você começa a ver outras possibilidades também....Artísticas, de emprego, de tudo!* (Prof. Wesley, 2017).

Assim como os lugares de aprendizagem são difíceis de classificar, pois, segundo Ellsworth (2005), são lugares "anômalos", "peculiares", "anormais", "não próprio para...", na perspectiva da educação escolarizada formal, a força pedagógica de tais lugares também tem de ser vista a partir de uma perspectiva peculiar. Por isso, segundo a mesma autora, não devemos tomar as pedagogias que são produzidas em tais lugares apenas a partir "do 'centro' dos discursos e práticas educativas dominantes – posição que leva o conhecimento a ser uma coisa já feita e o aprendizado uma experiência já conhecida" (Ellsworth, 2005, p. 5, grifos da autora). É preciso ter esses lugares a partir da sua potência pedagógica como possibilidades de multiplicar aprendizagens de si e dos outros sempre em construção, pois só assim sua força como pedagogia se torna mais aparente (Ellsworth, 2005).

(In)conclusões

A partir dessa perspectiva, ainda com Tardif (2012a; 2012b), quando propõe olhar para saberes e formação docente a partir de certos fios condutores e tomar o saber profissional da experiência dos professores como catalizador dos saberes pedagógicos, disciplinares, podemos inferir que a dimensão pessoal, a pessoa do professor, apresenta-se também como uma espécie de catalizador das experiências sofridas nos diversos trânsitos culturais – que são temporais, por serem datados, históricos; e são espaciais, por serem vividos em determinados lugares de aprendizagem e não outros.

Os professores, em suas práticas profissionais cotidianas, mobilizam saberes construídos durante a história de vida de caráter pessoal, mas produzidos coletivamente a partir de seus grupos de pertencimento; saberes originados ao longo da sua escolaridade como estudantes; saberes próprios da formação profissional nos cursos de magistério ou na formação universitária proporcionada pelos diferentes cursos de licenciatura como professores em formação inicial; saberes produzidos nas andanças do vir a ser, do conhecimento em construção sempre sujeito à ressignificação, que o professor Wesley denomina de *"saberes da rua e da vida"*.

Assim, as narrativas (auto)biográficas dos professores na forma de suas histórias de vida são processos reflexivos sobre o vivido e adquirem sentido ao serem enunciadas e anunciadas como mencionado por Nóvoa (2017, 2022), ao referir-se à profissão docente; ao serem transformadas em enredos de histórias a serem contadas aos outros – professores, alunos, comunidade. Retomamos a proposta de Larrosa (1996) para que pensemos na vida como um caminho, pois é nele, desde a recordação das múltiplas viagens que o produzem, que construímos nossa experiência por meio do que nos acontece, e que "só pode ser interpretado narrativamente. É nas histórias de nossas vidas que os acontecimentos obedecem a uma ordem e a um sentido, a uma interpretação" (Larrosa, 1996, p. 469).

Dessa forma, é o que cada professor experienciou ao longo dos trânsitos culturais, da convivência como estudante e professor nos diferentes espaços escolares e de formação, e os lugares de aprendizagem que o tenham afetado – as incertezas, deslocamentos, inquietações, os questionamentos que o tocaram –, que o transformam no profissional docente, no professor que ele se constituiu e que está nas salas de aula das escolas públicas de ensino fundamental – anos iniciais e anos finais da rede pública de ensino.

Uma história de vida, contudo, só completa o seu curso reflexivo e produz diferentes/novos saberes quando, ao ser contada, ao ser enunciada e anunciada, toma a forma de narrativa exemplar que merece ser compartilhada em prol da humanização do outro, como argumentou Walter Benjamin (1993). Nesse sentido, constatamos que, invariavelmente, ao final de cada sessão de narração e escuta, os professores-narradores sinalizavam com veemência a necessidade de haver mais espaços/tempos de troca de experiências, de contar o que aconteceu e lhes aconteceu nas salas de aula e em outros espaços/tempos da vida comum. Reivindicavam momentos não institucionalizados, sem tempos determinados para começar e acabar, sem pautas rígidas; momentos em que, ao contar sobre o que lhes aconteceu, pudessem pensar, relacionar, transformar as práticas docentes e a partir daí produzir novos saberes e construir novas possibilidades de enfrentar o cotidiano escolar e o ofício de ensinar na sua complexidade, contingência e incompletude.

Agradecimentos

O presente trabalho foi realizado com apoio da Coordenação de Aperfeiçoamento de Pessoal de Nível Superior-Brasil (Capes) – Programa Nacional de Pós-Doutorado (PNPD).

Referências

ALBUQUERQUE JÚNIOR, Durval Muniz de. Pedagogia: a arte de erigir fronteiras. *In:* BUJES, Maria Isabel Edelweiss; BONIN, Iara Tatiana (org.). **Pedagogias sem fronteiras**. Canoas: Ed. ULBRA, 2010, p. 21-31.

ARFUCH, Leonor. **La entrevista, uma intervención dialógica**. Buenos Aires, Paidós, 2010.

ARFUCH, Leonor. **Memoria y autobiografia**: exploraciones en los limites. Buenos Aires: Fondo de Cultura Económica, 2013.

BEISIEGEL, Celso de Rui. **A qualidade do ensino na escola pública**. Brasília: Liber Livros, 2005.

BENJAMIN, Walter. O narrador. Considerações sobre a obra de Nikolai Leskov. *In:* BENJAMIN, Walter. **Magia e Técnica, Arte e Política**: ensaios sobre a literatura e história da cultura. 5. ed. São Paulo: Brasiliense, 1993, p. 197-221 (Obras Escolhidas, v. 1).

BERGSON, Henri. **Matéria e memória**: ensaio sobre a relação do corpo com o espírito. 4. ed. São Paulo: Martins Fontes, 2004.

BOSI, Ecléa. **Memória e sociedade**: lembranças de velhos. 18ed. São Paulo: Companhia das Letras, 2015.

CERTEAU, Michel de. **A invenção do cotidiano**: artes de fazer. 17. ed. Petrópolis: Vozes, 2011.

CLANDININ, D. Jean; CONNELLY, F. Michael. **Pesquisa Narrativa**: experiência e história em pesquisa qualitativa. 2. ed. rev. Uberlândia: Edufu, 2015. DOI: https://doi.org/10.14393/EDUFU-978-85-7078-279-3.

CONTRERAS, José Domingo. Tener historias para contar: profundizar narrativamente la educación. **Roteiro,** Joaçaba, v. 41, n. 1, p. 15-40, jan./abr. 2016. Disponível em: https://dialnet.unirioja.es/servlet/articulo?codigo=6183773. Acesso em: 22 fev. 2023. DOI: https://doi.org/10.18593/r.v41i1.9259.

CORTESÃO, Luiza. **Ser Professor**: um ofício em risco de extinção? 2 ed. São Paulo: Cortez: Instituto Paulo Freire, 2006.

CUNHA, Maria Isabel da. A relação professor-aluno. *In:* VEIGA, Ilma Passos de A. (coord.). **Repensando a didática.** 29. ed. Campinas: Papirus, 2014b, p. 149-159.

CUNHA, Maria Isabel da. **O bom professor e sua prática**. 24. ed. Campinas, SP: Papirus, 2014a.

ELLSWORTH, Elizabeth. Places of learning: media, architecture, pedagogy. New York: **Routledge**, 2005. DOI: https://doi.org/10.4324/9780203020920.

ESTEVE, José M. Mudanças sociais e função docente. *In:* NÓVOA, António (org.). **Profissão professor**. 2 ed. Porto: Porto Editora, 1995. p. 93-124.

HALBWACHS, Maurice. **A memória coletiva**. São Paulo: Centauro, 2006.

IMBERNÓN, Francisco. **Qualidade do Ensino e Formação do Professorado**: uma mudança necessária. São Paulo: Cortez, 2016.

LARROSA, Jorge. Narrativa, identidad y desidentificación. *In:* LARROSA, Jorge. **La experiencia de la lectura.** Barcelona: Laertes, 1996, p. 461-484.

LARROSA, Jorge. Notas sobre a experiência e o saber de experiência. **Revista Brasileira de Educação,** Rio de Janeiro, n. 19, p. 20-28, jan./fev./mar./abr. 2002. Disponível em: https://www.scielo.br/j/rbedu/a/Ycc5QDzZKcYVspCNspZVDxC/?format=pdf&lang=pt. Acesso em: 22 fev. 2023. DOI: https://doi.org/10.1590/S1413-24782002000100003.

LARROSA, Jorge. **Tremores:** escritos sobre a experiência. 1. ed. Belo Horizonte: Autêntica, 2015.

LEITE, Yoshie Ussami Ferrari. **O lugar das práticas na formação inicial de professores.** São Paulo: Cultura Acadêmica, 2011.

NÓVOA, António. **Escolas e professores:** proteger, transformar, valorizar. Salvador: SEC/IAT, 2022.

NÓVOA, António. Firmar a posição como professor, afirmar a profissão docente. **Cadernos de Pesquisa,** São Paulo, Fundação Carlos Chagas, v. 47, n. 166, p. 1106-1133, out./dez. 2017. Disponível em: https://www.scielo.br/j/cp/a/WYkPDBFzMzrvnbsbYjmvCbd/abstract/?lang=pt. Acesso em: 21 set. 2022.

NÓVOA, António. Para una formación de profesores construida dentro de la profesión. **Revista de Educación,** Madrid (ES), n. 350, p. 203-218, set./dez. 2009. Disponível em: http://www.educacionyfp.gob.es/revista-de-educacion/numeros-revista-educacion/numeros- anteriores/2009/re350/re350-09.html. Acesso em: 22 fev. 2023. DOI: https://doi.org/10.1590/198053144843.

NÓVOA, António. Professor se forma na escola. **Nova Escola,** São Paulo, n. 142, p. 1-7, 1 maio 2001. Disponível em: https://novaescola.org.br/conteudo/179/entrevista-formacao-antonio-novoa. Acesso em: 22 fev. 2023.

NÓVOA, António; FINGER, Matthias (org.). **O método (auto)biográfico e a formação.** Natal: EDUFRN; São Paulo: Paulus, 2010.

PIMENTA, Selma Garrido. Formação de professores – saberes da docência e identidade do professor. **Nuances,** Presidente Prudente, v. III, p. 5-14, set. 1997.

PIMENTA, Selma Garrido. Formação de professores: identidade e saberes docência. *In:* PIMENTA, Selma Garrido (org.). **Saberes pedagógicos e atividade docente.** 6 ed. São Paulo: Cortez, 2008, p. 15-34.

PIMENTA, Selma Garrido. Prefácio. *In:* RIOS, Terezinha Azeredo. **Compreender e ensinar**: por uma docência da melhor qualidade. 8. ed. São Paulo: Cortez, 2010, p. 11-13.

QUADROS, Marta Campos de; LEITE, Yoshie Ussami Leite. Professores que constituem o professor que somos através da vida: memórias, narrativas e saberes profissionais docentes. *In:* LEITE, Yoshie Ussami Ferrari Leite; YAMASHIRO, Carla Regina Calone; SILVA, Edimar Aparecido da; FERREIRA FILHO, João (org.). **Olhares sobre a escola pública**: produção de saberes no âmbito do grupo de pesquisa. Curitiba: CRV, 2019, p. 79-93.

QUADROS, Marta Campos de; LEITE, Yoshie Ussami Leite. Saberes da experiência e trânsitos culturais: um mundo além da escola e a formação de professores. *In:* KLÉBIS, Augusta Boa Sorte Oliveira; COSTA, Jefferson Martins. FERREIRA FILHO, João; QUADROS, Marta Campos de; LEITE, Yoshie Ussami Leite. (org.). **Escola pública**: saberes e conhecimentos no âmbito do grupo de pesquisa. Curitiba: CRV, 2021. p. 105-121.

QUADROS, Marta Campos de; SANTOS, Fabiana Alves dos. O que nos contam caixas de brinquedos e alunos em estágio curricular?: Formação inicial de professores e direito à diferença em creches de Presidente Prudente. *In:* ENCONTRO BRASILEIRO DA REDESTRADO, "TRABALHO DOCENTE NO SÉCULO XXI: CONJUNTURA E CONSTRUÇÃO DE RESISTÊNCIAS", 9., 2017. **Anais** [...] Campinas: Unicamp, 2017.

ROCKWELL, Elsie. De huellas, bardas y veredas: una historia cotidiana em la escuela. *In:* ROCKWELL, Elsie (coord.). **La escuela cotidiana**. 6. reimp. México: FCE, 2014.

ROLDÃO, Maria do Céu. Função docente: natureza e construção do conhecimento profissional. **Revista Brasileira de Educação**, Rio de Janeiro, v. 12, n. 34, p. 94-103, jan./abr. 2007. DOI: https://doi.org/10.1590/S1413-24782007000100008.

SOUZA, Elizeu Clementino de. Diálogos cruzados sobre pesquisa (auto)biográfica: análise compreensiva- interpretativa e política de sentido. **Educação**, Santa Maria, v. 39, n. 1, p. 39-50, jan./abr. 2014. Disponível em: https://periodicos.ufsm.br/reveducacao/article/view/11344. Acesso em: 22 fev. 2023. DOI: https://doi.org/10.5902/1984644411344.

TARDIF, Maurice. O que é o saber da experiência no ensino? *In:* ENS, Romilda Teodora; BEHRENS, Marilda Aparecida; VOSGERAU, Dilmeire Sant'Anna Ramos (org.). **Trabalho docente e saberes do professor**. 2 ed. Curitiba: Champagnat, 2012b, p. 27-41.

TARDIF, Maurice. **Saberes docentes e formação profissional**. 14 ed. Petrópolis, RJ: Vozes, 2012a.

TARDIF, Maurice; LESSARD, Claude, LAHAYE, Louise. O Professor face ao saber: esboço de uma problemática do saber docente. **Teoria & Educação**, Porto Alegre, v. 1, n. 4, p. 215-233, 1991.

TARDIF, Maurice; LESSARD, Claude. (org.). **O ofício do professor**: histórias, perspectivas e desafios internacionais. 6 ed. Petrópolis: Vozes, 2014.

TEIXEIRA, Leny Rodrigues Martins. A formação docente: as narrativas autobiográficas como recurso para um enfoque clínico. *In:* REBOLO, Flavinês; TEIXEIRA, Leny Rodrigues Martins; PERRELLI, Maria Aparecida de Souza (org.). **Docência em questão**: discutindo trabalho e formação. Campinas: Mercado de Letras, 2012, p. 109-134.

CAPÍTULO 5

GESTÃO EDUCACIONAL MUNICIPAL: O QUE REVELAM AS PESQUISAS?[23]

Joane Vilela Pinto
Yoshie Ussami Ferrari Leite

Introdução

A promoção de uma educação de qualidade social está intrinsecamente ligada à gestão educacional. De acordo com Luck (2006), o termo gestão educacional passou a ser evidenciado na literatura e aceito no contexto educacional a partir da década de 1990. Desde então, essa expressão vem gradualmente consolidando-se como um conceito disseminado, que se refere às orientações das ações de sistemas de ensino e de escolas. Trata-se de um "novo entendimento a respeito da condução dos destinos das instituições, que leva em consideração o todo em relação com as partes e destas entre si, de modo a promover maior efetividade do conjunto" (Luck, 2006, p. 33-34).

Também nesse sentido, Vieira (2007) assevera que a gestão educacional abrange diversas iniciativas provenientes das diferentes esferas governamentais, não apenas em termos de responsabilidades compartilhadas na oferta de ensino, mas também em relação a ações específicas de cada área de atuação. A autora destaca que a gestão educacional é permeada por situações que envolvem condições de implementação, disponibilidade financeira, recursos humanos e outras condições materiais e imateriais, além de aspectos que envolvem a legislação.

Levando tais questões em consideração, torna-se importante compreender e analisar diferentes aspectos da gestão, especialmente aqueles que promovem a aprendizagem dos estudantes e buscam o desenvolvimento das instituições de ensino. Assim, este capítulo apresenta os resul-

---

[23] Texto originalmente publicado em forma de artigo na *Revista Olhar de Professor*, v. 17, p. 1-27, e-22321.025, 2024.

tados de uma revisão de literatura que visa explorar conceitos e práticas relacionadas à gestão educacional, abrangendo temas como formação de professores, gestão democrática, participação da comunidade, avaliação em larga escala e políticas educacionais.

Ao examinar as contribuições de pesquisadores e especialistas desse campo, busca-se identificar e registrar desafios enfrentados, objetivando contribuir para o fortalecimento da temática e conhecer como são abordadas na literatura científica as temáticas supramencionadas. Além disso, investiga-se quais são os principais fatores que influenciam uma boa gestão educacional e impactam no desempenho dos estudantes. Finalmente, identifica-se lacunas existentes na produção intelectual sobre o tema e quais direções futuras de pesquisa podem ser sugeridas para fortalecer a gestão educacional, buscando uma educação da melhor qualidade[24].

Apesar de avanços terem ocorrido nesse campo do conhecimento, ainda há lacunas a serem preenchidas e desafios a serem enfrentados. Desse modo, este trabalho de revisão de literatura se justifica pela possibilidade de reunir e sintetizar conhecimentos sobre gestão educacional, objetivando promover o aprimoramento dos sistemas e redes de ensino. Ainda, esta revisão pode auxiliar profissionais da educação, gestores escolares, além de formuladores de políticas e pesquisadores.

A revisão de literatura foi realizada pesquisando-se teses e dissertações relacionadas à temática. As bases pesquisadas foram o Catálogo de Teses e Dissertações da Coordenação de Aperfeiçoamento de Pessoal de Nível Superior (Capes) e a Biblioteca Digital Brasileira de Teses e Dissertações (BDTD). Após alguns ajustes, a palavra-chave utilizada foi "gestão municipal" acrescentada do operador lógico (ou booleano) *AND* e a palavra "educação". O acréscimo do termo educação refinou a busca, de maneira que os resultados encontrados se referiam especificamente à área de conhecimento da pesquisa. Assim, foi utilizado o descritor "gestão municipal" *AND* "educação".

As bases apresentam algumas características específicas. Em ambas, porém, a delimitação temporal abrangeu trabalhos publicados em duas décadas, especificamente entre os anos 2000 e 2020. Foram extraídos dados e informações relevantes dos estudos selecionados, como concei-

---

[24] O termo qualidade, grafado com o adjetivo melhor, é uma sugestão da pesquisadora Terezinha Rios. Para a autora, é importante "adjetivar o termo qualidade, buscando uma *educação da melhor qualidade*, que se coloca sempre à frente, como algo a ser construído e buscado pelos sujeitos que a constroem" (Rios, 2003, p. 74).

tos-chave, metodologias utilizadas, resultados e conclusões, que foram sintetizados e analisados de forma temática. A análise dos resultados seguiu procedimentos da abordagem qualitativa de pesquisa, de acordo com os pressupostos de André e Gatti (2008).

Após a descrição dos procedimentos metodológicos, este artigo apresenta os resultados de acordo com as categorias elencadas. O intuito é apontar as evidências a partir de uma apresentação qualitativa. Em cada categoria, foram extraídas tendências, predominância do foco de interesse, bem como focos que apareceram em menor frequência. Também foram identificados focos silenciados, assim como a indicação de algumas propostas para a superação de dificuldades demonstradas. Nas considerações finais, são apresentadas as observações tomando em conjunto as pesquisas sobre gestão educacional. De forma sintética, os resultados evidenciam interferências de organismos multilaterais, como o Banco Mundial, e indicam potenciais riscos decorrentes de estratégias adotadas pelo capitalismo. Além disso, observa-se uma certa tendência para uma abordagem gerencialista da educação, com ausência de oportunidades para a participação dos professores nas políticas implementadas pelas gestões municipais.

Sobre os trabalhos localizados

Na BDTD, foi utilizado o descritor com os termos entre aspas, recurso que refina a busca, de maneira que somente ascendam resultados de acordo com os termos solicitados. Dessa forma, a aplicação do descritor resultou em 175 trabalhos. Contudo, após a leitura dos títulos, dos resumos e, em alguns casos, dos aspectos introdutórios, foram descartados 148 estudos, que não guardavam relação com esta pesquisa. Dessa forma, selecionou-se 27 trabalhos, sendo 22 dissertações de mestrado e cinco teses de doutorado.

No Catálogo Capes, além da utilização das aspas, é possível aperfeiçoar, refinar e reduzir os resultados utilizando-se filtros. Os critérios utilizados para o refinamento no campo grande área do conhecimento, foram ciências sociais aplicadas, ciências humanas e multidisciplinar. Em área do conhecimento, foram selecionados trabalhos relacionados a administração pública, ciência política, educação, ensino, ensino-aprendizagem, interdisciplinar, planejamento educacional, políticas públicas e sociais, e humanidades. No campo área de avaliação, a busca restringiu-se à administração pública, ciência política, educação, ensino, interdisciplinar e multidisciplinar. Em área de concentração foram selecionados todos os campos.

A busca inicial resultou em 312 trabalhos, mas, com o refinamento, ascenderam 132 estudos que, após a leitura do título e dos resumos, resultaram em 18 pesquisas. Nessa base, alguns trabalhos não estavam disponíveis porque foram publicados em datas anteriores à Plataforma Sucupira; porém, quando guardavam relação com esta revisão, foram recuperados nas bases de dados das respectivas instituições. Dentre os trabalhos indisponíveis, dois não puderam ser recuperados nas bases originais e foram desconsiderados. A Tabela 1 mostra os dados encontrados e os selecionados, tanto no Catálogo Capes quanto na BDTD.

Tabela 1 – Quantitativo de teses e dissertações sobre gestão municipal educacional publicados entre os anos 2000 e 2020

Base	Primeira busca	Selecionados	Dissertação	Tese
BDTD	175	27	22	5
Catálogo Capes	312	18	14	4
Total	487	45	36	9

Fonte: dados de pesquisa

Para a apresentação dos resultados, optou-se por uma classificação em seis diferentes categorias. De acordo com Olabuénaga e Ispizua (1989), categorias representam o resultado de um esforço de síntese de uma comunicação, destacando seus aspectos mais importantes. As categorias apresentadas na sequência emergiram da análise dos estudos, o que denotou tratar-se de assuntos presentes no universo das pesquisas científicas do campo de conhecimento da gestão educacional. Dizendo de outro modo, as categorias guardam relação com os assuntos que comparecem frequente e rotineiramente na gestão educacional de sistemas ou de redes de ensino. A Tabela 2 mostra os trabalhos encontrados e utilizados nesta revisão.

Tabela 2 – Trabalhos incluídos na revisão de literatura, de acordo com as categorias, com autor(a) e ano de publicação (2003-2019)

Categorias	Autores/Ano	Total/%
Gestão municipal da educação	Fasano (2006); Maia (2006); Espósito (2010); Paludeto (2013); Mikrut (2014); Bérgamo (2016); Teixeira (2017); Falcão (2018); Silva (2019); Vasconcelos (2019).	10 (22%)
Formação continuada e políticas de valorização	Arruda (2003); Queiroz (2019); Brasiliano (2013); Teixeira (2015).	4 (9%)
Gestão de recursos financeiros e orçamentários	Oliveira (2016); Moraes (2018); Castro (2019).	3 (7%)
Gestão democrática, descentralização, participação popular e social, articulação com a comunidade e arranjos regionais	Araújo (2003); Iunes (2009); Paludo (2009); Albuquerque (2010); Pereira (2010); Gomes (2014); Nicoleti (2014); Coutinho (2015); Maia (2016); Arce (2018)	10 (22%)
Monitoramento, avaliação externa e em larga escala	Figueiredo ((2008); Jammal (2008); Battisti (2010); Cruz (2014); Farias (2015); Lopes (2017); Santos (2018); Silva (2018); Vargas (2019).	9 (20%)
Programas e projetos nacionais para municípios	Grinkraut (2012); Roos (2012); Vasconcelos (2014); Araújo (2015); Barleta (2015); Valadão (2015); Bugança (2017); Carvalho (2017); Cichelero (2018).	9 (20%)
Total		45 (100%)

Fonte: dados de pesquisa

As teses e dissertações foram defendidas em diversos programas de Pós-Graduação, em diferentes estados da federação. Contudo, na Universidade Federal de Pernambuco, câmpus de Recife, houve um número maior de pesquisas, com quatro resultados. Ainda, nas universidades federais foram realizadas mais pesquisas sobre a temática, em comparação com as estaduais, particulares e confessionais.

Em relação à localização geográfica das instituições, observou-se que na região Sudeste foram desenvolvidos 19 trabalhos, seguidos pela região Nordeste, com 12 estudos. A região Sul apresentou 10 trabalhos e as regiões Norte e Centro-Oeste desenvolveram dois trabalhos cada. No estado de São Paulo há um número maior de publicações (13) e, com o mesmo número de publicações, estão Pernambuco e Rio Grande do Sul (5), seguidos pelo Ceará (4). Embora os estudos tenham sido produzidos em 29 diferentes instituições de ensino superior, esses foram concentrados em 13 diferentes estados e no Distrito Federal. Tal situação indica que, em alguns estados, no período analisado, não houve publicações sobre a temática. Nas próximas seções são apresentadas as sínteses dos trabalhos desenvolvidos, de acordo com as diferentes categorias.

Gestão municipal da Educação

Nesta categoria estão 10 trabalhos, que tratam dos seguintes aspectos: i) gestão municipal educacional em municípios, com foco na democratização, na qualidade, eficiência e eficácia, bem como na redução do analfabetismo escolar; ii) relação entre investimentos e desempenho; iii) identidade e atuação dos dirigentes municipais da educação; iv) municipalização do ensino; v) participação e influência da iniciativa privada. Todos os trabalhos possuem um cunho qualitativo; entretanto, três trazem dados quantitativos e um apresenta também análises estatísticas. Ainda, dois apresentam dados sobre infraestrutura e um aponta uma relação entre estrutura e qualidade. Do total, quatro estudos incorporaram entrevistas para a produção de dados. Os estudos também trouxeram marcos legais, como Constituição Federal (CF), Lei de Diretrizes e Bases da Educação Nacional (LDBEN), Plano Nacional da Educação (PNE), Lei Orgânica Municipal (LOM) e outros.

Esses textos, embora em algum momento tragam aspectos que poderiam ser incluídos em categorias mais específicas, abordam vários assuntos que tratam da gestão municipal educacional em um contexto mais ampliado, com uma diversidade de assuntos que envolvem o campo, tanto no que tange à atuação dos dirigentes (Bérgamo, 2016; Silva, 2019), quanto em possíveis resultados e efeitos da gestão (Maia, 2006). Além disso, consideram a relação entre investimentos e desempenho (Vasconcelos, 2019), bem como a descentralização, municipalização, gestão democrática e questões referentes à qualidade e eficiência ou eficácia (Falcão, 2018; Paludeto, 2013; Espósito, 2010).

São apontadas, também, considerações sobre a política neoliberal e experiências vivenciadas em Secretaria Municipal de Educação (Fasano,

2006), assim como a influência da privatização, por meio de contratações de fundações e organizações educacionais não governamentais (Mikrut, 2014; Teixeira, 2017). Depreende-se, da análise dos textos desta categoria, as seguintes questões, apresentadas como resultados nos respectivos trabalhos:

1. A gestão da educação municipal ocupa lugar de destaque, visto que os municípios são responsáveis pela base da educação no país (Bérgamo, 2016). É fundamental uma gestão educacional que busque superar problemas educacionais como, por exemplo, o analfabetismo escolar (Maia, 2006).

2. Os dirigentes municipais ainda não têm um conceito circunstanciado de qualidade social, assumindo, na maioria das vezes, uma atuação voltada aos pressupostos da qualidade total (Silva, 2019).

3. Nem sempre ações voltadas à melhoria da qualidade se refletem nos resultados de avaliações externas (Espósito, 2010).

4. É importante a adoção de instrumentos de gestão para que sejam implementadas medidas educacionais. Existe uma relação entre aplicação positiva de recursos e mecanismos como Plano Municipal de Educação e a criação de Conselhos Municipais de Educação (Vasconcelos, 2019).

5. É possível uma política contra hegemônica em contraposição aos princípios neoliberais em educação (Fasano, 2006), bem como ênfase na democratização da gestão e do acesso, em uma concepção de educação popular (Paludeto, 2013).

6. Existem gestões ineficientes e com baixa eficácia na educação, com problemas na alocação de recursos (Falcão, 2018).

7. A educação, como prática social transformadora exige novas formas de gestão e políticas educacionais, que não acontecem com parcerias entre o poder público e institutos, visto que estes trazem gerencialismo empresarial da qualidade total (Mikrut, 2014). Contrapartidas de serviços e cessão de espaços ao setor privado pode contribuir para a constituição de formas diferenciadas de mercados educacionais (Teixeira, 2017).

As pesquisas denotaram a importância da gestão educacional, bem como a imprescindibilidade de que o Secretário de Educação direcione seu trabalho com vistas a alcançar melhorias na educação, canalizando seus esforços nesse sentido. Entretanto, mesmo ressaltando a importância da gestão, várias críticas são direcionadas aos gestores. Tais críticas, de acordo com os trabalhos analisados, podem ser agrupadas em três aspectos principais: i) dificuldade na utilização de recursos financeiros e orçamentários; ii) parcerias com o setor privado; iii) falta de conhecimento sobre qualidade social na educação.

Sobre a questão da qualidade, Silva (2019) explica que essa temática tem sido amplamente discutida no âmbito das produções acadêmicas, nos governos e nas gestões municipais, o que demonstra que tal assunto se insere em uma categoria polissêmica, relacionando-se às diversas intencionalidades dos diferentes atores. A autora buscou analisar a atuação de dois dirigentes municipais em relação à qualidade social e constatou que os dirigentes atuaram em conformidade com orientações de órgãos centrais – governo estadual ou federal – para implementarem mecanismos de responsabilização, participação e avaliação externa. Isso demonstra que a concepção de qualidade adotada é a de qualidade total, associada ao capital.

Para Silva (2019), uma gestão voltada à qualidade social pressupõe que o dirigente municipal seja efetivamente ordenador de despesa, pertença à rede de ensino, resida no município, tenha autonomia para constituir a equipe técnica, possua plano de trabalho, conheça o contexto econômico e político-cultural local, além de possuir formação continuada sobre gestão, voltada a conhecimentos sobre a qualidade social. Também é imprescindível que tenha domínio científico, competência técnica e comprometimento com a função social da escola pública, bem como com a função de dirigente, que não se configura em uma secretária executiva da prefeitura municipal, na educação.

Além disso, a atuação do dirigente deve se pautar em vontade política, formação profissional, relações econômicas, sociais e culturais também dos contextos nacionais. Assim, prossegue a autora, a atuação será melhor quando os dirigentes conhecerem as políticas de educação nacional e se posicionarem criticamente, tendo compromisso com a valorização dos profissionais da educação e com a emancipação dos educandos e educadores. Bérgamo (2016) também aponta a imprescindibilidade da formação dos gestores educacionais das redes municipais, que precisam atribuir a devida importância ao planejamento financeiro e às ações educacionais no plano de governo, bem como a necessidade de ter percepção sobre a situação do município e formação política, além da formação sólida nas bases educacionais.

Espósito (2010) analisou a municipalização da educação em um município para verificar se tal fenômeno contribuiu para a melhoria da qualidade da educação. Para ela, a municipalização pode favorecer alguns aspectos, como agilizar a detecção e resolução de problemas nos processos que envolvem o ensino e a aprendizagem. Ademais, também pode aproximar os usuários daquilo que ela chamou de burocracia municipal, além de trazer maior flexibilidade ao uso de recursos financeiros e na democratização da relação de poder.

Para Mikrut (2014), o Estado é neoliberal, portanto, representado pelos empresários, sendo que os trabalhadores não têm participação nas decisões. Tal situação leva à descentralização das responsabilidades e dos recursos financeiros do poder público, que pode ocorrer por meio de parcerias de municípios com organizações não governamentais (ONG). Na pesquisa, a autora investigou parcerias com o Instituto Ayrton Senna, ocorridas sob a justificativa de buscar padrões de eficiência, qualidade e racionalidade na gestão educacional pública. No entanto, analisando dissertações sobre o tema, a autora constatou que essa modalidade de parceria representa um retrocesso em relação à autonomia e gestão, em contraposição ao trabalho coletivo.

De maneira semelhante, Teixeira (2017) investigou cinco municípios que contrataram assessoria técnica para a gestão educacional, com formulação de propostas que incluíssem formação continuada. Ela explica que parece existir um assentimento de que a gestão privada é mais eficiente e eficaz, situação que busca justificar parcerias com fundações, institutos ou organizações não governamentais. A autora observou que a atuação de fundações não interferiu nas estruturas físicas e na ausência de equipamentos, mas alterou o dia a dia dos professores, trazendo outras metodologias, solicitando relatórios e realizando cursos de formação.

Os gestores entrevistados, em cujos municípios foram realizadas parcerias, acreditam que as entidades são parceiras do poder público e não exigem dispêndio de recursos. No entanto, a despeito da não necessidade de alocação de recursos, existem despesas com viagens, encontros, disponibilização de servidores, situações que impactam em despesas extras e são incluídas nas chamadas contrapartidas dos recursos pelo poder público. Essas questões se configuram em um financiamento privado de instituições privadas para a prestação de serviços educacionais com apoio do poder público.

Analisando os estudos das autoras que se debruçaram sobre o assunto, não é possível verificar uma relação entre o estabelecimento de parcerias e prováveis melhorias educacionais. Ao contrário, depreende-se da análise que tais parcerias impactaram em novas demandas, novas atribuições e tarefas, em contraposição às propaladas eficiências promulgadas pelas instituições, fundações e ONGs. Teixeira (2017) afirma que essas parcerias podem representar uma duplicidade de interesses, seja por parte de dirigentes que demandam e articulam a atuação do setor privado, ou pelos chamados parceiros da educação, que dependem de dirigentes para implementarem seus programas.

No contexto de experiências que se contrapõem à lógica de submissão aos propósitos da iniciativa privada e, também, considerando possibilidades de gestões que superam problemas, Maia (2006) apresenta a experiência da gestão municipal educacional na cidade de Sobral, no estado do Ceará. Para o autor, a gestão estabeleceu uma política de alfabetização como prioritária e implementou estratégias vinculadas aos objetivos, diretrizes e metas, produzindo resultados esperados e empregando recursos com parcimônia e discernimento.

Formação continuada e políticas de valorização

Nesta segunda categoria estão quatro pesquisas, todas de natureza qualitativa, publicadas entre 2003 e 2015. Parte dos dados dessas pesquisas foram produzidos a partir da realização de entrevistas semiestruturadas com secretários de Educação, diretores de departamento e formuladores de políticas (Brasiliano, 2013), ou com secretários de educação, supervisoras, diretoras e professoras (Teixeira, 2015). Ainda, com membros da Secretaria da Educação, diretores, coordenadores, professores e representantes sindicais (Queiroz, 2009) e com prefeito, secretária da Educação, assessor, diretora e professores (Arruda, 2003). Neste último trabalho, também houve a aplicação de questionários, cujos resultados foram interpretados considerando-se os pressupostos da análise de conteúdo, na perspectiva de Bardin (1977).

Os trabalhos abordam aspectos relacionados à valorização e participação docente, seja de maneira mais ampliada, com possibilidades de os docentes contribuírem efetiva e colaborativamente na produção de políticas educacionais (Queiroz, 2009), nos processos de formação continuada e na construção curricular (Teixeira, 2015) ou, ainda, em repercussões no plano de carreira e remuneração do magistério (Arruda, 2003). Um estudo, embora tendo analisado a política de formação continuada (Brasiliano, 2013), abordou especificamente questões relacionadas às tecnologias de informação e comunicação (TIC).

De maneira geral, os estudos enfatizam a importância da participação docente nas políticas educacionais. Queiroz (2009) concluiu que o trabalho escolar não se resume à sala de aula, ou seja, o docente deve ser coparticipante das políticas implementadas. Teixeira (2015) investigou políticas educacionais que foram implementadas em um período de 11 anos e observou que, em uma gestão específica, os professores tiveram oportunidade de participação, discutiram e contribuíram colaborativamente com sugestões. Uma abordagem relatando certa política de valorização docente, mas considerando elementos da administração gerencial, foi apresentada por Arruda (2003). Brasiliano (2013), por sua vez, apontou a importância de uma política de formação de professores que abarque uma maior articulação entre todas as instâncias responsáveis.

Dentre os pesquisadores cujos trabalhos foram selecionados nesta categoria, Queiroz (2009) foi o mais contundente ao explanar sobre a participação docente nas políticas. Ele realizou entrevistas com representantes dos sindicatos dos trabalhadores em educação, além dos demais participantes e, também, enfatizou a imprescindibilidade de os docentes participarem de maneira efetiva e coletiva na elaboração das políticas. O autor percebeu, por meio das entrevistas, que as respostas abrangeram não apenas questões referentes à alocação atual, mas refletiram experiências profissionais ocorridas noutros tempos e em outros espaços. Além disso, observou circunstâncias relacionadas ao adoecimento docente, visto que a maioria dos entrevistados necessitou de licença médica em razão de estresse, lesões por esforço repetitivo, processos ligados a alergias, entre outros.

Restou evidenciado, a partir da síntese e análise dos trabalhos que compuseram esta categoria, que nem sempre a perspectiva dos gestores está alinhada à percepção dos professores. Além disso, existe uma diferença abissal entre a propositura, a formulação de políticas educacionais e sua efetiva implementação. Mesmo contando com um número reduzido de trabalhos recuperados nesta categoria, o fato de eles terem sido produzidos em três diferentes instituições de ensino superior distantes geograficamente e, também, separados por um razoável lastro temporal, permitiu que fossem destacados, dentre os resultados produzidos, similaridades e pontos de convergência relevantes, que jamais devem ser desconsiderados na gestão educacional.

Gestão de recursos financeiros e orçamentários

Antes de apresentar os trabalhos selecionados nesta categoria, é importante explicar que a utilização dos termos financeiro e orçamentário no título desta subseção não se trata de redundância ou descuido, pois, ainda que não pareça verossímil, há possibilidade de a previsão orçamentária não corresponder aos efetivos recursos financeiros. Isso pode acontecer em decorrência de situações supervenientes como, por exemplo, queda na arrecadação de impostos, pois o orçamento é uma previsão de arrecadação que pode não se concretizar. É fundamental, entretanto, que as previsões orçamentárias observem normas técnicas e legais, considerem alterações, variações, crescimento econômico ou outros fatores, para que possam ser elaboradas com a maior exatidão possível.

Uma pesquisa buscou analisar a influência de fatores político-institucionais, econômicos e culturais na gestão de educação, visando evidenciar congruências e incongruências entre a gestão do financiamento da educação e a qualidade educacional (Oliveira, 2016). Outro trabalho buscou compreender métodos e práticas associados aos movimentos de reforma da gestão pública e a questão das transferências intergovernamentais (Castro, 2019). O autor realizou um estudo de caso exploratório em determinado município, analisou dados e informações sobre a educação, também por meio de entrevistas com gestores.

Os trabalhos destacaram que existe um movimento no sentido de descentralização de recursos, compreendido como importante na gestão contemporânea. Entretanto, é fundamental que os gestores conheçam e estudem assuntos atinentes ao campo de recursos educacionais, tanto no que diz respeito a composição e planejamento quanto na utilização propriamente dita. Para Moraes (2018) o processo de descentralização deve ser iniciado com a identificação das necessidades dos municípios, objetivando melhorar as condições de equidade e participação.

Oliveira (2016) afirma que várias condições interferem, como a concepção de planejamento, a observância às especificidades e demandas da realidade local, a concepção de gestão, a participação da sociedade civil, o alinhamento das políticas federais com as locais, o protagonismo municipal, bem como os recursos disponíveis. A autora conclui que existe uma congruência entre gestão do financiamento da educação e geração de condições concretas para a construção da qualidade. Destaca, no entanto, que as condições concretas de cada realidade podem ser diferentes e alerta para a necessidade de ampliação do debate sobre financiamento, como condição favorável ao desenvolvimento de uma educação pública de qualidade.

Os assuntos concernentes às questões orçamentárias e financeiras são complexos e nem sempre de interesse do campo educacional. O fato de que poucos trabalhos aparecem nesta categoria comprova isso. Ademais, parece existir, de um lado, um grupo que afirma a suficiência de recursos, porém mal utilizados e, de outro, ativistas que reivindicam mais recursos para a educação. Apesar dessas diferentes visões, são pertinentes as considerações de Moraes (2018) ao alertar para a importância da identificação de fatores que colocam alguns municípios em condição de vantagem em relação a outros, situação que pode ser justificada pela identificação do nível individual de eficiência no uso de recursos.

Gestão democrática, descentralização, participação popular e social, articulação com a comunidade e arranjos regionais

Nesta categoria foram recuperadas dez pesquisas, das quais duas são teses de doutorado. Nove estudos são de abordagem qualitativa e um conta com dados quantitativos, além dos qualitativos. Em todos os trabalhos foram utilizadas análises documentais e, em nove desses trabalhos, ocorreram entrevistas com gestores e professores. As temáticas que compuseram os trabalhos foram as seguintes: Conselho Municipal de Educação (CME), Conselho de Acompanhamento e Controle do Fundo de Desenvolvimento da Educação Básica (Fundeb), Conferência Municipal da Educação, Plano Municipal da Educação (PME); ii) educação popular na perspectiva do educador Paulo Freire, dimensões da política educacional e participação popular; iii) ideais de democracia e participação no contexto da prática, autonomia; iv) arranjos regionais de desenvolvimento.

Os principais argumentos dos autores são a respeito da importância de se colocar em prática a gestão democrática (Iunes, 2009), da autonomia, ação e participação dos diretores de escolas na efetivação da gestão democrática (Arce, 2018), da institucionalização de sistemas próprios (Pereira, 2010), das dificuldades na implementação de Conselhos Municipais de Educação (Gomes, 2014; Maia, 2016), do papel dos conselheiros do Fundeb e autonomia para atender demandas locais (Coutinho, 2015), da ampliação das possibilidades de participação de diferentes sujeitos na definição de rumos educacionais (Paludo, 2009), de arranjos regionais como possibilidade de organização entre municípios que possuem questões educacionais comuns (Nicoleti, 2014), da participação popular na formulação e materialização da política educacional municipal (Araújo, 2003), além de estratégias de controle (Albuquerque, 2010).

A diversidade de termos apresentados no título desta categoria busca apontar que, no que se refere a oportunidades de participação existem, além de diferentes terminologias, diversos aspectos conceituais, ideológicos, de entendimento e de aplicabilidade. Um exemplo de tais diferenças é o que nos apresenta Coutinho (2015), ao alertar para o fato de que a participação popular é uma forma de organização mais espontânea e autônoma em relação ao poder público, como movimentos sociais, associações, sindicatos, que não agem segundo regras e regulamentos de programas governamentais. A participação social, por sua vez, refere-se aos espaços institucionalizados, como conferências, conselhos e ouvidorias, que se configuram em instâncias responsáveis pela representação de diversos segmentos da sociedade civil e esferas governamentais. Além disso, têm atuação no controle, na fiscalização e no acompanhamento das políticas públicas, bem como no diálogo permanente com o governo.

Não obstante essas diferentes abordagens e múltiplas teorias que as ancoram, os estudos trazem pontos convergentes, aspectos positivos sobre a importância da gestão democrática, da ampliação de oportunidades de participação popular, da descentralização de poderes decisórios, com a criação de conselhos e planos municipais de educação, bem como por meio da institucionalização de sistemas próprios de ensino. Esses aspectos podem ser observados tanto nas oportunidades oferecidas aos gestores, para que qualifiquem e aperfeiçoem as suas atuações, quanto em medidas que possam refletir positivamente nos educandos. De maneira geral, os aspectos favoráveis verificados e, de certa forma, recorrentes e comuns nos trabalhos, são os seguintes:

1. A gestão democrática, como princípio de desenvolvimento da educação, é considerada por muitos educadores como um direito consoante a uma sociedade democrática e republicana, um princípio fundamental na defesa da educação pública, gratuita e de qualidade (Albuquerque, 2010).

2. Não existe democracia sem que a sociedade civil esteja presente nas instituições governamentais. A participação social é um dos fundamentos da gestão democrática. Trata-se de uma das possiblidades que permitem a participação da população nas ações do Estado (Coutinho, 2015).

3. A participação popular se constitui como uma das alternativas criadas pelos governos para envolver a população de modo direto na tomada de decisões. A participação das pessoas acontece em diferentes espaços de organização, reflexão e decisão (Paludo, 2009).

4. A gestão democrática implica participação da comunidade, mas não se limita a isso porque pressupõe, também, participação na partilha do poder e na tomada de decisões (Paludo, 2009). A participação implica partilha de poder (Araújo, 2003). Quando a comunidade é parte do processo de escolarização, as relações hierárquicas se modificam (Nicoleti, 2014).

5. Gestores orientados a valores democráticos podem realizar uma leitura crítica da realidade e defender que o espaço público seja pautado por princípios éticos, políticos e justos (Arce, 2018). Uma das mais importantes tarefas de uma experiência educativa em educação popular é a de compreender quem são os sujeitos, de onde vêm, como elaboram e significam suas experiencias sócio-históricas, de maneira que possam ser propostas estratégias pedagógicas voltadas à humanização (Paludo, 2019).

6. A descentralização proposta na atual legislação favorece o incentivo à participação da sociedade civil na gestão municipal, no sentido de compreender a democratização como vinculada ao processo de construção de autonomia municipal, ampliada por ações que incentivem a participação e que estejam intimamente

relacionadas a práticas que comunguem com o exercício de partilha do poder de decisão (Pereira, 2010). A descentralização pressupõe maior participação da comunidade local na definição, na elaboração, no desenvolvimento, no acompanhamento e na avaliação das políticas (Nicoleti, 2014). A descentralização fortalece a inserção de discussões sobre gestão democrática, controle social e participação da sociedade, como elementos importantes para que se possa elevar a aprendizagem dos alunos e alcançar mais qualidade no ensino ofertado (Coutinho, 2015).

7. O processo de descentralização das políticas de educação atribui aos CME maior importância na gestão dos sistemas municipais de ensino. Os CME são um órgão da gestão democrática, que possibilitam decisões tomadas a partir do diálogo e entendimento, com a participação da sociedade civil, que pode interferir nas decisões políticas, nas prioridades e agendas do governo local (Gomes, 2014). O CME pode ser plural e autônomo, de maneira a possibilitar a participação de segmentos sociais, como pressuposto para a construção de uma consciência cidadã e para a democratização das relações de poder na gestão de sistemas de ensino (Maia, 2016).

8. Fortalecer instituições de apoio social, como CME e o próprio PME, pode garantir continuidade de um trabalho iniciado, impedindo a descontinuidade de políticas públicas, que ocorre em mudanças de mandatos (Nicoleti, 2014).

9. As conferências de educação ocupam um lugar de destaque no modelo de gestão participativa, são um *locus* privilegiado na definição de políticas educacionais nos municípios (Araújo, 2003). As práticas de participação têm contribuído de modo significativo na constituição de novas esferas públicas e democráticas e na promoção de um processo progressivo de publicização (Paludo, 2009).

A despeito dos aspectos positivos, e necessários, na consecução dos princípios da gestão democrática, os estudos também apontaram fragilidades, elementos dificultadores, situações que precisam ser superadas. Assim como o enaltecimento da importância da temática, as fragilidades também foram recorrentes nos trabalhos, visto que persistem inúmeras dificuldades no que tange às oportunidades de participação e ampliação de possibilidades. Para Albuquerque (2010), a participação da comunidade escolar, ainda que exista por meio da criação de conselhos e do próprio PME, é muito limitada e não se caracteriza como uma intervenção articulada, capaz de promover transformações e melhorias na qualidade da educação.

Sobre uma possível pressuposição acerca de os municípios conseguirem – ou não – implementarem pressupostos de uma gestão democrática, Araújo (2003) pondera que ainda existem modelos de gestão da educação que reproduzem estruturas de décadas passadas, talvez nos moldes de antigos regimes antidemocráticos. Entretanto, para ele, existem processos inovadores de gestão educacional que atribuem enorme importância à construção coletiva de políticas públicas. O autor ainda ressalta que os processos de participação e a própria concepção não são vistos de maneira harmônica, posto que existem contradições e diferenças, múltiplas e dinâmicas, também nas formas de materialização.

Monitoramento, avaliação externa e em larga escala

Nesta categoria foram selecionados nove trabalhos, dos quais três são teses de doutorado. Essas teses representam 60% do total de cinco selecionadas para esta revisão de literatura, o que demonstra que a maioria delas aborda assuntos relacionados a avaliações externas no contexto da gestão municipal educacional. Todas as pesquisas são de natureza qualitativa, apenas uma apresenta também aspectos quantitativos. Como dispositivos para produção de dados, as pesquisas contaram com análise documental, entrevistas, observações e questionários. Assim como os demais trabalhos, em razão das escolhas e das delimitações de pesquisa, somente foram recuperados nesta categoria os estudos que tratavam da temática de maneira abrangente, no contexto da gestão municipal. As pesquisas que apenas abordaram avaliações externas e/ou em larga escala não foram incluídas.

Com o objetivo de melhor compreender os estudos selecionados, buscou-se delimitá-los geograficamente, em termos de localização, mas também no que diz respeito à população. Assim, observou-se que as pesquisas foram realizadas em 19 diferentes cidades, em sete estados da federação. O número maior de cidades em relação à quantidade de estudos aponta que alguns trabalhos abrangeram mais de um município. Não houve preocupação em destacar se as informações consistiam em estimativas populacionais ou se mencionavam o censo demográfico, que é realizado a cada dez anos pelo Instituto Brasileiro de Geografia e Estatística (IBGE). Ainda, alguns autores não forneceram dados acerca da fonte consultada.

As predominâncias do foco de interesse dos autores nos estudos apresentados foram as seguintes: i) discussão acerca de como os dados das avaliações externas são apropriados e utilizados por membros da gestão e professores, bem como as contribuições para a definição de metas e objetivos educacionais; ii) observação sobre como as Secretarias de Educação se apropriam e traduzem os indicadores; iii) explicação sobre a discrepância de resultados de indicadores entre escolas da rede municipal e da rede estadual; iv) análise das políticas educacionais de avaliação em larga escala; v) papel de organismos internacionais e a relação com avaliações de sistema; vi) compreensão da relação de codependência entre dados de desempenho e elementos como financiamento, condições de qualidade, investimento; vii) concepções de qualidade e suas relações com indicadores educacionais.

O primeiro tópico, sobre a apropriação e possíveis contribuições dos dados de avaliações externas pelas escolas ou pelas Secretarias de Educação, foi o que apareceu com maior frequência. As questões que envolvem avaliações externas, em larga escala ou não, são complexas, a exemplo de vários assuntos do campo da educação e da gestão pública educacional. Há pesquisadores que são frontalmente contrários e existem outros que consideram possibilidades, como a utilização de indicadores para planejamentos no universo da gestão pública. No Brasil existe uma tendência em observar aspectos considerados negativos, como o fato de que as avaliações externas desconsideram contextos socioeconômicos e culturais, buscando homogeneizar sentidos na educação.

Também são destacadas questões acerca das influências externas de organismos multilaterais, como o Banco Mundial, além de entidades ligadas à grandes corporações e conglomerados, com vieses privatistas, capitalistas ou neoliberais, que têm o objetivo de implementar políticas aliadas ao capital. Considerando esse contexto, a análise dos trabalhos selecionados buscou apontar efeitos adversos, posicionamentos contrários ou prováveis contribuições. As questões observadas com maior frequência, considerando aspectos possivelmente negativos sobre as avaliações externas, de acordo com os autores dos trabalhos levantados nesta revisão, foram as seguintes:

1. A lógica do sistema de avaliação no Brasil é divulgar amplamente os resultados com o objetivo de apoiar as instâncias subnacionais nas suas tarefas constitucionais e envolver a população na discussão da qualidade da educação (Farias, 2015). O Banco Mundial centraliza as medidas de reforma com políticas homogêneas para a educação, não apenas em uma região, mas em todo o mundo, sem considerar as especificidades dos diferentes países (Figueiredo, 2008). O sistema de avaliação em larga escala utilizado no Brasil é influenciado pelos processos políticos e econômicos que aconteceram nas décadas de 1960 e 1970, encaminhados pelo Banco Mundial e organismos multilaterais (Silva, 2018). A (re) configuração do Estado e suas implicações na política educacional estão relacionadas aos diferentes projetos de educação e de sociedade, que são delineados de acordo com interesses do capital e sob a ótica dos organismos multilaterais (Lopes, 2017).

2. No discurso hegemônico existe o predomínio de se creditar ao indivíduo a responsabilidade pelas suas escolhas e pelo seu destino, assim como pela posição social que ocupa (Lopes, 2017).

3. Em alguns países os resultados de avaliações externas são utilizados como mecanismos de sanções ou punições às escolas (Figueiredo, 2008). A avaliação surge como mecanismo de controle e fiscalização do Estado (Santos, 2018).

4. O Ideb é um instrumento de medida usado pelos reformadores educacionais para justificar as políticas de responsabilização implantadas no Brasil, visto que os resultados são divulgados pela mídia nacional e são apresentados como medidas de qualidade (Santos, 2018).

5. As avaliações externas foram defendidas e implementadas no cenário de propostas neoliberais de desenvolvimento econômico, político e social (Santos, 2018).

As situações considerando possíveis aspectos positivos foram destacadas em alguns trabalhos. Para Cruz (2014), as possibilidades de publicização dos dados referentes às avaliações permitiram que as escolas e redes de ensino pudessem debater os resultados, tendo esses pressupostos como ponto de partida para mudanças. Além disso, a divulgação incentivou os municípios e estados a implementarem seus próprios modelos de avaliação externa. Nesse mesmo sentido, Figueiredo (2008) assevera que os sistemas de avaliação podem oferecer informações sobre como está o percurso dos alunos nos seus processos de construção do conhecimento.

O Ideb e os resultados de desempenho, de acordo com Jammal (2007), são expressões da concretização da gestão educacional. Battisti (2010) afirma que avaliar, seja considerando as iniciativas da própria escola ou os sistemas avaliativos mais abrangentes, não significa colocar os alunos em competição, mas pressupõe uma reflexão acerca de melhorias na educação, sobre como contribuir para um ensino de qualidade. Santos (2018) destaca que o Ideb oferece limitações, mas também potencialidades, sendo necessários mais estudos. Os resultados das pesquisas, em linhas gerais, demonstraram possibilidades que podem advir de avaliações em larga escala. Poucos estudos apontaram somente efeitos adversos, a maioria seguiu a tendência de explicitar questões pontuais que devem ser aperfeiçoadas pela gestão.

Pode-se afirmar que alguns focos foram silenciados, especialmente nesta categoria. Na verdade, foi possível observar que os resultados expressaram as concepções dos autores, visto que o mesmo assunto mostrou ora efeitos adversos, ora potencialidades. As críticas mais enfáticas foram apresentadas por Silva (2018), seguidas por Santos (2018). Em alguns trabalhos evidenciou-se que os pesquisadores, de certa maneira, acreditam nas possibilidades das avaliações externas. De qualquer forma, a conclusão geral apresentada pelos autores dos trabalhos recuperados, nesta categoria, aponta a diversidade e potencialidade que as avaliações externas podem oferecer no universo da gestão educacional, desde que sejam observadas e aperfeiçoadas algumas questões.

Programas e projetos nacionais para municípios

Nesta categoria objetiva-se verificar questões relacionadas a políticas, programas ou projetos desenvolvidos em âmbito nacional e oferecidos ou impostos aos municípios. Busca-se verificar as interferências, possibilidades ou limitações frente a escolhas locais. Foram encontrados nove trabalhos, em que os autores utilizaram, como estratégias para produção de dados, análises documentais, inclusive por meio de consultas a sistemas on-line, entrevistas com gestores e professores, bem como observações em campo. Uma pesquisa utilizou abordagem quantitativa e qualitativa, as demais foram de natureza qualitativa. Não houve recuperação de trabalhos sobre projetos desenvolvidos nos estados e aplicados nos municípios.

A temática recorrente foi o Plano de Ações Articuladas (PAR), criado pelo Ministério da Educação (MEC) e ofertado aos municípios e estados mediante adesão. Sobre esse assunto, estudaram Roos (2012), Barleta (2015), Araújo (2015), Valadão (2015) e Cichelero (2018). O PAR está inserido no Plano de Desenvolvimento da Educação (PDE), que foi lançado pelo governo federal em 2007 e tem como objetivo melhorar a qualidade da educação brasileira. Para isso, apresenta metas, programas e ações que incidem em áreas do sistema educacional, além de propor uma mobilização nacional. Sobre o PDE pesquisaram Grinkraut (2012) e Vasconcelos (2014), cujos trabalhos também abordam questões sobre o PAR e, também, em relação ao Ideb. Carvalho (2007), por sua vez, dissertou acerca da política nacional de formação de professores e Bugança (2017) estudou sobre como os gestores recebem e aplicam no município e nas escolas as propostas do governo federal.

O trabalho sobre política nacional de formação de professores, de Carvalho (2017), apontou a existência de uma sincronicidade entre a política brasileira de formação com as diretrizes internacionais, que deslegitimam o papel da unidade prática e teórica como fonte de produção de conhecimentos. Para a autora, ainda predominam a concepção de capacitação, objetivando o aprimoramento da técnica, conforme recomendações de interesse dos organismos internacionais, em contraposição ao entendimento de que a formação continuada é um direito, parte constituinte do desenvolvimento profissional. Ainda, as políticas de formação buscam anular a participação dos professores no processo.

Vasconcelos (2014) e Grinkraut (2012) convergem em relação aos resultados, dificuldades e possibilidades do PDE. Para Vasconcelos (2014), as mudanças foram pouco relevantes para as escolas e a consequente melhoria de resultados educacionais. A autora afirma que não é possível esperar muito de políticas temporárias e focalizadas, como o PDE.

Grinkraut (2012) explica que o PDE desconsidera as condicionalidades da estrutura financeira, assim como a relações de poder. Entretanto, apesar das adversidades, a pesquisadora afirma que o PDE possibilitou trazer as propostas constantes no plano ao debate público, constituindo-se como um passo fundamental para análise e futuras intervenções. Além disso, propôs ações voltadas ao fortalecimento da capacidade técnica e financeira dos municípios.

Sobre o PAR, Araújo (2015) observou que, embora tenha havido ampliação no número de programas federais desenvolvidos nos municípios que pesquisou, não houve incremento expressivo no repasse de recursos da União. Cichelero (2018), no entanto, observou que o enfoque do plano está atrelado às dimensões ligadas a repasse de recursos financeiros. Valadão (2015) asseverou que os gestores encontraram dificuldades na implantação e monitoramento do PAR, como pouco conhecimento sobre o sistema, falta de flexibilidade desse sistema, além do patrimonialismo da gestão local.

Barleta (2015) afirma que o PAR propõe um discurso que enfatiza e corrobora com a democratização na educação. No entanto, existe um atrelamento a situações pensadas sob a lógica do capital, como contratos de gestão, controle de resultados e centralização de decisões. Cichelero (2018) corrobora com tal afirmação e observa uma certa ambivalência na proposta do PAR, acerca da descentralização ou centralização. Contudo, a despeito dessas questões, ambos os pesquisadores constataram que os gestores exploram todas as possibilidades que o PAR oferta. Cichelero (2018) relatou que 86% dos gestores consultados consideram uma importante forma de aprimoramento da gestão.

Foi possível constatar a escassez de trabalhos dessa natureza. Em relação à supremacia de trabalhos abordando o PAR, é presumível supor que esse plano, em razão de englobar uma diversidade de dimensões, está mais afeto ao universo global da gestão municipal, diferentemente de outros planos, programas ou projetos que talvez se relacionem a situações específicas, como formação, por exemplo.

Considerações finais

Este capítulo mostrou um pouco da multiplicidade de assuntos que envolvem o campo da gestão municipal. Observou-se que as escolas, gestores escolares, professores, alunos e comunidade são impactados em razão das abordagens e das políticas implementadas no âmbito da gestão municipal, ainda que não tenham sido tratadas exclusivamente questões sobre gestão escolar, sala de aula, formação etc. Também foram apresentadas situações que envolvem escolhas ou opções dos gestores municipais e os efeitos advindos dessas opções, que denotam um pouco da diversidade e complexidade do universo da prática gestora. A utilização de categorias, para análise, foi necessária à medida que os trabalhos foram sendo localizados. Isso denota a lacuna de trabalhos sobre gestão municipal, mas também resulta das necessárias delimitações dos objetos de pesquisa.

Sobre os resultados da revisão de literatura, foi possível observar a predominância de alguns aspectos, mesmo considerando as especificidades das diferentes categorias. As interferências de organismos multilaterais, como Banco Mundial e outros, bem como a presença de instituições ligadas a grandes conglomerados e privatização, foram assuntos recorrentes. Além disso, destaque para os riscos oferecidos pelo crescente capitalismo e as estratégias utilizadas para a sua perpetuação no Brasil. Também se observou uma tendência a explicitar sobre a visão gerencial, que ainda persiste em práticas de gestores, bem como um certo patrimonialismo e a ausência de oportunidade de participação dos professores nas definições das políticas implementadas nas gestões municipais. Ainda, os resultados evidenciaram ser benéfica a participação ativa da comunidade escolar, incluindo pais, alunos e membros da comunidade, pois fortalece o envolvimento e o apoio aos processos educacionais.

Embora esta revisão de literatura tenha contribuído para o avanço do conhecimento sobre gestão educacional, é importante reconhecer que existem questões não discutidas. Algumas temáticas requerem mais pesquisas, como a efetividade de abordagens específicas acerca da atuação do gestor, o impacto de políticas educacionais em longo prazo e possíveis relações entre a participação da comunidade e a melhoria de resultados educacionais. Portanto, ainda que tenha alcançado os objetivos de explorar o conhecimento existente, o trabalho não abrangeu de forma suficientemente ampliada a temática gestão educacional, mesmo tendo fornecido conhecimento para fortalecer o campo e promover o aprimoramento dos sistemas educacionais. Com base nos resultados desta revisão, podem ser realizadas outras pesquisas, buscando preencher as lacunas identificadas e abordando novos desafios do campo da gestão educacional.

Referências

ALBUQUERQUE, Eugênia Morais. **A implementação do programa Gestão Nota 10 no sistema municipal de educação de Mossoró/RN (2005 a 2009)**. 2010. Dissertação (Mestrado em Educação) – Universidade Federal do Rio Grande do Norte, Natal, 2010. Disponível em: https://repositorio.ufrn.br/handle/123456789/14424. Acesso em: 5 mar. 2021.

ANDRÉ, Marli; GATTI, Bernardete Angelina. Métodos qualitativos de pesquisa em educação no Brasil: origens e evolução. *In:* SIMPÓSIO BRASILEIRO-ALEMÃO DE PESQUISA QUALITATIVA E INTERPRETAÇÃO DE DADOS, 2008, Brasília. **Anais** [...]. Brasília: Faculdade de Educação da Universidade de Brasília, 2008.

ARAÚJO, Alexandre Viana. **Política educacional e participação popular**: um estudo sobre esta relação no município de Camaragibe – PE. 2003. Dissertação (Mestrado em Educação) – Universidade Federal de Pernambuco, Recife, 2003. Disponível em: https://repositorio.ufpe.br/handle/123456789/4773. Acesso em: 8 mar. 2021.

ARAÚJO, Jacqueline Nunes. **Relações intergovernamentais e a gestão municipal da educação escolar**: um estudo da implementação de programas e projetos federais em municípios do estado da Bahia. 2015. Tese (Doutorado em Educação) – Universidade Federal de Minas Gerais, Belo Horizonte, 2015. Disponível em: https://bdtd.ibict.br/vufind/Record/UFMG_c8bffb619071201ec1e9a170979eff38. Acesso em: 3 mar. 2021.

ARCE, Priscila Damasceno. É possível a gestão democrática na rede municipal de ensino de São Paulo? 2018. Dissertação (Mestrado Profissional em Educação) – Pontifícia Universidade Católica de São Paulo, São Paulo, 2018. Disponível em: https://tede2.pucsp.br/handle/handle/21616. Acesso em: 3 mar. 2021.

ARRUDA, Ana Lúcia Borba. **Gestão da educação e políticas de valorização do magistério para o ensino fundamental na atualidade**: a resposta do município de Panelas à questão. 2003. Dissertação (Mestrado em Educação) – Universidade Federal de Pernambuco, Recife, 2003. Disponível em: https://repositorio.ufpe.br/handle/123456789/4780. Acesso em: 10 jan. 2021.

BARDIN, Laurence. **Análise de conteúdo**. Lisboa: Edições, 1977.

BARLETA, Ilma de Andrade. **A gestão educacional no Plano de Ações Articuladas do município de Macapá-AP**: concepções e desafios. 2015. Tese (Doutorado em

Educação) – Universidade Federal do Pará, Belém, 2015. Disponível em: https://repositorio.ufpa.br/jspui/handle/2011/8336. Acesso em: 15 fev. 2021.

BATTISTI, Luzia. **Avaliação em larga escala na perspectiva da gestão municipal.** 2010. Dissertação (Mestrado em Educação) – Universidade do Vale do Rio dos Sinos, São Leopoldo, 2010. Disponível em: https://repositorio.jesuita.org.br/handle/UNISINOS/4593. Acesso em: 15 jan. 2021.

BÉRGAMO, Mara Suzany Romano. **A gestão municipal da educação na região da Amvapa**: estudo filosófico e político das contradições estruturais da prática institucional, dos limites burocráticos-formais e da cultura autoritária hegemônica. 2016. Dissertação (Mestrado em Educação) – Universidade Estadual de Campinas, Campinas, 2016. Disponível em: https://www.oasisbr.ibict.br/vufind/Record/UNICAMP- 30_3ac0db618de51fa6ca2870098781b2fa. Acesso em: 15 jan. 2021.

BRASILIANO, Sandra Sales. **Política de formação de professores em tecnologias de informação e comunicação (TIC)**: uma análise da experiência da rede municipal de ensino do Recife. 2013. Dissertação (Mestrado em Educação) – Universidade Federal de Pernambuco, Recife, 2013. Disponível em: https://repositorio.ufpe.br/handle/123456789/13308 Acesso em: 25 fev. 2021.

BUGANÇA, Natália da Silva. **Gestão da educação**: das políticas federais à gestão escolar do município de Jataizinho – PR. 2017. Dissertação (Mestrado em Educação) – Universidade Estadual de Londrina, Londrina, 2017. Disponível em: https://www.ppedu.uel.br/pt/mais/dissertacoes-teses/dissertacoes/category/8-2017. Acesso em: 23 fev. 2021.

CARVALHO, Margareth Pinheiro. **Políticas públicas de formação continuada de docentes**: dos marcos legais à realidade da rede pública municipal de ensino. 2017. Dissertação (Mestrado em Educação) – Universidade Estadual do Sudoeste da Bahia, Vitória da Conquista, 2017. Disponível em: http://www2.uesb.br/ppg/ppged/wp-content/uploads/2017/05/Diss-final-com-ficha-catal.pdf. Acesso em: 5 mar. 2021.

CASTRO, Alvaro Ballejo Fiuza. **Implicações das transferências intergovernamentais na gestão da educação no âmbito municipal**. 2019. Dissertação (Mestrado Profissional em Administração Pública) – Fundação Getúlio Vargas, Rio de Janeiro, 2019. Disponível em: https://repositorio.fgv.br/items/e3b0bc-21-ff8c-4582-a301-cffa27afb081. Acesso em: 18 jan. 2021.

CICHELERO, Silvana Maria Tres. **Plano de ações articuladas na gestão da educação de municípios pertencentes à Associação dos municípios da zona da produção (Amzop) – RS**. 2018. Dissertação (Mestrado Profissional em Políticas Públicas e Gestão Educacional) – Universidade Federal de Santa Maria, Santa Maria, 2018. Disponível em: https://repositorio.ufsm.br/handle/1/16076. Acesso em: 23 fev. 2021.

COUTINHO, Henrique Guimarães. **Os conselhos de acompanhamento e controle social do Fundeb e a gestão municipal da educação:** um estudo em municípios nordestinos. 2015. Tese (Doutorado em Educação) – Universidade Federal de Pernambuco, Recife, 2015. Disponível em: https://repositorio.ufpe.br/handle/123456789/14951. Acesso em: 18 jan. 2021.

CRUZ, Larissa Frossard Rangel. **Avaliação externa e qualidade de ensino**: apropriações e usos dos dados em escolas públicas municipais de Macaé/RJ. 2014. Tese (Doutorado em Educação) – Pontifícia Universidade Católica do Rio de Janeiro, Rio de Janeiro, 2014. Disponível em: https://www.maxwell.vrac.puc-rio.br/23584/23584_1.PDF. Acesso em: 25 mar. 2021.

ESPÓSITO, Ione Cavalcante. **Municipalização do ensino fundamental e qualidade do ensino**: estudo de caso do município de Martinópolis. 2010. Dissertação (Mestrado em Educação) – Universidade do Oeste Paulista, Presidente Prudente, 2010. Disponível em: http://bdtd.unoeste.br:8080/jspui/handle/tede/787. Acesso em: 25 fev. 2021.

FALCÃO, Elizabeth Barbosa de Melo. **Eficiência técnica das gestões municipais de educação no estado do Ceará**. 2018. Dissertação (Mestrado Profissional em Economia do Setor Público) – Universidade Federal do Ceará, Fortaleza, 2018. Disponível em: https://repositorio.ufc.br/handle/riufc/34781. Acesso em: 13 mar. 2021.

FARIAS, Maria Adalgiza. **Avaliação externa e gestão da escola**: apropriações e usos dos dados do Ideb na gestão de escolas públicas municipais de Fortaleza. 2015. Dissertação (Mestrado em Educação) – Universidade Estadual do Ceará, Fortaleza, 2015. Disponível em: https://www.uece.br/ppge/wp-content/uploads/sites/29/2019/06/Disserta%C3%A7%C3%A3o_MARIA-ADALGIZA-DE-FARIAS.pdf. Acesso em: 19 jan. 2021.

FASANO, Edson. **Centro educacional unificado, contraposição à "pedagogia de lata"**. 2006. Dissertação (Mestrado em Educação) – Universidade Metodista de São Paulo, São Bernardo do Campo, 2006. Disponível em: https://bdtd.ibict.

br/vufind/Record/METODISTA_759a4244ccc730cc7f472d46280b16c1. Acesso em: 13 fev. 2021.

FIGUEIREDO, Dione Maribel Lissoni. **Gestão municipal, qualidade de ensino e a avaliação do rendimento escolar**: um estudo do município de Cosmorama. 2008. Tese (Doutorado em Educação) – Universidade Estadual Paulista, Araraquara, 2008. Disponível em: https://acervodigital.unesp.br/handle/11449/101599. Acesso em: 3 fev. 2021.

GOMES, Lêda Maria. **A gestão da educação básica em Valparaíso de Goiás**: os sentidos da descentralização. 2014. Dissertação (Mestrado em Educação) – Universidade de Brasília, Brasília, 2014. Disponível em: http://repositorio.unb.br/jspui/handle/10482/17700. Acesso em: 19 jan. 2021.

GRINKRAUT, Ananda. **Conflitos na implementação da política educacional brasileira**: As relações entre a união e os municípios a partir do Plano de Desenvolvimento da Educação (PDE). 2012. Dissertação (Mestrado em Educação) – Universidade Estadual de Campinas, Campinas, 2012. Disponível em: https://repositorio.unicamp.br/Acervo/Detalhe/864895. Acesso em: 23 jan. 2021.

IUNES, Nailê Pinto. **Gestão democrática da educação na rede pública municipal de Pelotas**: experiências de democracia participativa. 2009. Dissertação (Mestrado em Educação) – Universidade Federal de Pelotas, Pelotas, 2009. Disponível em: https://guaiaca.ufpel.edu.br/handle/123456789/1730?show=full. Acesso em: 12 fev. 2021.

JAMMAL, Rosana de Fátima Silveira. **A democratização do ensino fundamental no município de Guaratuba**. 2008. Dissertação (Mestrado em Educação) – Universidade Federal do Paraná, Curitiba, 2008. Disponível em: http://www.educadores.diaadia.pr.gov.br/arquivos/File/2010/artigos_teses/Pedagogia/d7dem_ens_fun_ guarat.pdf. Acesso em: 28 jan. 2021.

LOPES, Robson Vila Nova. **Qualidade da educação municipal**: concepções e indicadores no sistema de educação de Miracema-TO. 2017. Dissertação (Mestrado em Educação) – Universidade de Brasília, Brasília, 2017. Disponível em: http://icts.unb.br/jspui/handle/10482/24068. Acesso em: 23 fev. 2021.

LUCK, Heloísa. **Gestão Educacional**: uma questão paradigmática. Petrópolis, Ed: Vozes, 2006.

MAIA, Maurício Holanda. **Aprendendo a marchar**: os desafios da gestão municipal do ensino fundamental e da superação do "analfabetismo escolar". 2006.

Tese (Doutorado em Educação) – Universidade Federal do Ceará, Fortaleza, 2006. Disponível em: https://repositorio.ufc.br/handle/riufc/3652. Acesso em: 18 mar. 2021.

MAIA, Wagner José Serrão. **Os desafios do gestor educacional na implementação do conselho municipal de educação em Urucurituba – AM**. 2016. Dissertação (Mestrado Profissional em Gestão e Avaliação da Educação Pública) – Faculdade de Educação, Universidade Federal de Juiz de Fora, Juiz de Fora, 2016. Disponível em: https://repositorio.ufjf.br/jspui/handle/ufjf/4566. Acesso em: 21 fev. 2021.

MIKRUT, Marli Patricia. **A prática do Instituto Ayrton Senna na rede pública municipal de educação em São José dos Pinhais/PR**. 2014. Dissertação (Mestrado em Educação) – Universidade Tuiuti do Paraná, Curitiba, 2014. Disponível em: https://tede.utp.br/jspui/handle/tede/1642. Acesso em: 18 jan. 2021.

MORAES, Vinicius Macedo. **Análise da eficiência em educação fundamental das municipalidades mediante a elaboração de uma tipologia de municípios**. 2018. Dissertação (Mestrado em Ciências) – Escola de Artes, Ciências e Humanidades, Universidade de São Paulo, São Paulo, 2018. Disponível em: https://teses.usp.br/teses/disponiveis/100/100138/tde-27082018-151036/pt-br.php. Acesso em: 18 mar. 2021.

NICOLETI, João Ernesto. **Arranjos de desenvolvimento da educação**: uma alternativa partilhada de gestão municipal da educação. 2014. Tese (Doutorado em Educação) – Universidade Estadual Paulista, Araraquara, 2014. Disponível em: https://repositorio.unesp.br/items/feeabe61-aaf1-4bfc- 967a-ecaf54a3ed06. Acesso em: 15 jan. 2021.

OLABUÉNAGA, José Ignacio Ruiz; ISPIZUA, María Antonia. **La descodificación de la vida cotidiana**: métodos de investigación cualitativa. Bilbao: Universidad de Deusto, 1989.

OLIVEIRA, Mirian Folha de Araújo. **Gestão municipal da educação**: (in) congruências entre gestão do financiamento e construção da qualidade da educação. 2016. Dissertação (Mestrado em Educação) – Universidade do Oeste de Santa Catarina, Joaçaba, 2016. Disponível em: https://sucupira.capes.gov.br/sucupira/public/consultas/coleta/trabalhoConclusao/viewTrabalhoConclu sao.jsf?popup=true&id_trabalho=3610482. Acesso em: 21 jan. 2021.

PALUDETO, Melina Casari. **O PT na prefeitura municipal de São Paulo (1989-1992)**: da concepção de educação à formulação de uma política educacional. 2013. Dissertação (Mestrado em Educação) – Universidade Estadual Paulista, Marília, 2013. Disponível em: https://bdtd.ibict.br/vufind/Record/UNSP_3afeedea1cffc652d71ada0ebbbbb3ab. Acesso em: 23 fev. 2021.

PALUDO, Deise Imara Schilke. **Educação com participação popular em Chapecó – SC**: a política educacional como possibilidade de transformação social. 2009. Dissertação (Mestrado em Educação) – Universidade Federal de Santa Catarina, Florianópolis, 2009. Disponível em: http://repositorio.ufsc.br/xmlui/handle/123456789/92217. Acesso em: 18 mar. 2021.

PEREIRA, Maria do Socorro Vasconcelos. **A institucionalização dos sistemas municipais de ensino na realidade paraense**: obstáculos e possibilidades – o caso do município de Barcarena. 2010. Dissertação (Mestrado em Educação) – Instituto de Ciências da Educação, Universidade Federal do Pará, Belém, 2010. Disponível em: https://www.repositorio.ufpa.br/jspui/handle/2011/2815. Acesso em: 22 jan. 2021.

QUEIROZ, Marcos Gonçalvez. **As políticas públicas de valoriz(ação) do trabalho docente na rede de ensino da Serra/ES**: a produção de efeitos no "chão da escola" (de que valor se trata?). 2009. Dissertação (Mestrado em Educação) – Universidade Federal do Espírito Santo, Vitória, 2009. Disponível em: http://repositorio.ufes.br/handle/10/17559. Acesso em: 14 fev. 2021.

RIOS. Terezinha Azerêdo. **Compreender e ensinar**: por uma docência da melhor qualidade. 4. ed. São Paulo: Cortez Editora, 2003.

ROOS, Cristiane. **O PAR (Plano de Ações Articuladas) e a gestão municipal**. 2012. Dissertação (Mestrado em Educação) – Universidade do Vale do Rio dos Sinos, São Leopoldo, 2012. Disponível em: https://repositorio.jesuita.org.br/handle/UNISINOS/3141. Acesso em: 13 fev. 2021.

SANTOS, Josefa Roberta Roque. **Implicações dos resultados das avaliações em larga escala nos mecanismos de gestão escolar adotados por escolas municipais**. 2018. Dissertação (Mestrado em Educação Contemporânea) – Universidade Federal de Pernambuco, Caruaru, 2018. Disponível em: https://repositorio.ufpe.br/handle/123456789/32825. Acesso em: 8 fev. 2021.

SILVA, Emanuela Alves. **Gestão educacional e qualidade social**: atuação de dirigentes municipais de educação em dois municípios da microrregião de

Cajazeiras/PB (2015-2017). 2019. Dissertação (Mestrado em Educação) – Universidade Federal do Rio Grande do Norte, Natal, 2019. Disponível em: https://repositorio.ufrn.br/jspui/handle/123456789/27139. Acesso em: 13 mar. 2021.

SILVA, Evandro Anderson. **Avaliação em larga escala e qualidade da educação**: políticas educacionais em cinco municípios do Oeste do Paraná. 2018. Tese (Doutorado em Educação) – Universidade do Vale do Rio dos Sinos, São Leopoldo, 2018. Disponível em: https://repositorio.jesuita.org.br/handle/UNISINOS/7314. Acesso em: 18 jan. 2021.

TEIXEIRA, Elisângela Sales. **Diferentes olhares acerca dos processos de participação docente na construção da política curricular em Itatiba (2001-2012)**. 2015. Dissertação (Mestrado em Educação) – Universidade de São Paulo, São Paulo, 2015. Disponível em: https://www.teses.usp.br/teses/disponiveis/48/48134/tde-20042016-100236/pt-br.php. Acesso em: 21 mar. 2021.

TEIXEIRA, Glecenir Vaz. **A participação do setor privado na gestão da educação básica pública em municípios mineiros**. 2017. Dissertação (Mestrado em Educação) – Universidade Federal de Minas Gerais, Belo Horizonte, 2017. Disponível em: https://repositorio.ufmg.br/handle/1843/BUOS- AW8KTQ. Acesso em: 13 jan. 2021

VALADÃO, Adriana. **O plano de ações articuladas na gestão educacional**: desafios à implementação das políticas educacionais em municípios de Mato Grosso do Sul. 2015. Dissertação (Mestrado em Educação) – Universidade Federal da Grande Dourados, Dourados, 2015. Disponível em: https://files.ufgd.edu.br/arquivos/arquivos/78/MESTRADO-DOUTORADO- EDUCACAO/ADRIANA%20VALAD%C3%83O.pdf. Acesso em: 19 jan. 2021.

VARGAS, Thaís Conte. **Municipalização da educação**: particularidades da gestão local em Araraquara – SP. 2019. Dissertação (Mestrado em Educação) – Universidade Estadual Paulista, Araraquara, 2019. Disponível em: https://bdtd.ibict.br/vufind/Record/UNSP_23cf9e59bed016ad293fc51a50dc5638. Acesso em: 3 fev. 2021.

VASCONCELOS, Ana Claudia Celine Alves. **Efeitos da política de avaliação do PDE no sistema municipal de ensino**. 2014. Tese (Doutorado em Educação) – Universidade Estadual Paulista, Marília, 2014. Disponível em: https://www.oasisbr.ibict.br/vufind/Record/UNSP_02133175ceff7d39b823235fb00f787f. Acesso em: 19 fev. 2021.

VASCONCELOS, Joyciane Coelho. **Ensaios sobre poder público na educação**. 2019. Tese (Doutorado em Desenvolvimento e Meio Ambiente) – Universidade Federal do Ceará, Fortaleza, 2019. Disponível em: https://repositorio.ufc.br/handle/riufc/40384. Acesso em: 11 jan. 2021.

VIEIRA, Sofia Lerche. Políticas e gestão da educação básica: revisitando conceitos simples. **Revista Brasileira de Política e Administração da Educação**, [S. l.], v. 23, n. 1, p. 53-69, jan./abr. 2007. DOI: 10.21573/vol23n12007.19013.

CAPÍTULO 6

PERFIL E PAPEL DO DIRETOR NA ESCOLA PÚBLICA: O QUE DIZEM AS PESQUISAS ACADÊMICAS[25]

Márcia Regina Borges
Yoshie Ussami Ferrari Leite

Introdução

Este capítulo apresenta os resultados de um levantamento bibliográfico acerca de pesquisas sobre o diretor de escola pública no período de 2001 a 2023. A questão norteadora do estudo procurou responder o que as pesquisas revelam sobre o perfil e o papel do diretor escolar nesse período, com foco em suas atribuições na escola.

A proposta do levantamento surgiu da necessidade de conhecer as pesquisas recentes sobre o diretor escolar na escola pública, a fim de embasar uma pesquisa de mestrado que teve como objetivo geral construir um perfil dos diretores de escolas municipais em uma cidade do interior do Estado de São Paulo. Esse perfil buscou ser um retrato abrangente dos diretores escolares, abordando dados censitários e analisando as percepções dos sujeitos sobre o papel deles na escola pública.

O desafio na produção deste estudo foi selecionar pesquisas que se dedicassem ao perfil e ao papel do diretor de escola pública. Durante a realização deste trabalho, a perspectiva de análise foi direcionada pela teoria crítica, que fundamenta a compreensão do papel do diretor de escola que permeia a pesquisa mencionada anteriormente.

O artigo segue organizado da seguinte maneira: apresentação do referencial teórico, descrição dos procedimentos metodológicos, apresentação dos resultados e considerações finais, destacando o que pode ser

---

[25] Texto originalmente publicado em forma de artigo na *Revista Perspectivas em Diálogo*, Naviraí, v. 11, n. 26, p. 206 -226 jan./mar. 2024.

observado ao analisar em conjunto os estudos sobre o diretor e comentando a relevância deste trabalho para a pesquisa que lhe deu origem.

Referencial teórico

De acordo com Souza (2006), para os autores clássicos da Administração/Gestão Escolar, o diretor é, sobretudo, um técnico que deve desempenhar a principal função administrativa da instituição escolar de forma a propiciar meios para o desenvolvimento do trabalho pedagógico. Esse entendimento do diretor com papel prioritariamente administrativo e politicamente neutro surge nos primeiros estudos sobre a então denominada Administração Escolar, nos anos 30. A visão do diretor focado nas tarefas administrativas como forma de garantir a eficiência e a eficácia da escola é presença constante nos estudos clássicos da Administração Escolar, pois são obras embasadas na Teoria Geral da Administração.

Embora seja necessário considerar que a sistematização dos estudos da Administração Escolar nesse período representou grande avanço em relação às concepções da escola tradicional, a evolução das ideias sobre a gestão escolar evidenciou que o tecnicismo que foi a base dessa vertente não foi capaz de responder aos desafios históricos da escola. A partir dos anos 80, um conjunto de autores da vertente crítica da Administração Escolar passou rejeitar o predomínio do tecnicismo na administração das escolas, incluindo na função do diretor. A crítica incidiu sobre a visão politicamente neutra da AE, como se a escola não sofresse influências externas e como se seus problemas pudessem ser totalmente resolvidos pela implementação de técnicas administrativas em busca da eficiência e da eficácia.

Segundo Souza (2006), os autores críticos enfatizam a dimensão política da gestão escolar, ressaltando a necessidade de um posicionamento político por parte do diretor para a redefinição dos objetivos e métodos da escola. Para eles, a escola deve superar a realização de uma educação reprodutivista, buscando uma reformulação em termos de currículo, gestão, métodos de ensino e avaliação, dentre outros aspectos, que a leve a se voltar para os interesses da classe trabalhadora, visando à transformação social. É, portanto, esse postulado da necessidade e da possibilidade de desempenhar uma gestão escolar transformadora que define o referencial teórico deste trabalho.

Metodologia

O levantamento foi realizado nas bases de dados Biblioteca Digital de Teses e Dissertações (BDTD) e Catálogo de Teses e Dissertações da Capes, tendo como ponto de partida os procedimentos metodológicos descritos por Lima e Mioto (2007). De acordo com as autoras, que se referem ao levantamento bibliográfico como revisão de literatura (Lima; Mioto, 2007), trata-se de um pré-requisito para a realização de qualquer pesquisa e visa fornecer dados sobre o objeto de maneira ampla, o que possibilita melhor reconhecimento e delimitação do estudo.

Lima e Mioto (2007) apresentam quatro parâmetros para direcionar a busca de informações: temático, linguístico, principais fontes e cronológico. Com relação ao parâmetro temático, que diz respeito aos estudos que apresentam temas correlatos à pesquisa desenvolvida sobre o diretor escolar, foram definidos os seguintes descritores como estratégia de busca: diretor escolar, gestor escolar, papel do diretor e perfil do diretor. O parâmetro linguístico escolhido foi o idioma português, buscando pesquisar os estudos nacionais sobre o assunto. As fontes selecionadas foram teses e dissertações acadêmicas, no período de 2001 a 2023, sendo esse o intervalo de tempo definido como parâmetro cronológico.

A seleção das pesquisas foi feita, portanto, por meio da busca pelos descritores elencados (diretor escolar, gestor escolar, papel do diretor e perfil do diretor), a partir dos quais os trabalhos foram selecionados inicialmente pelos títulos. Logo no início do levantamento por títulos, em ambas as bases de dados, foi observado um grande número de trabalhos que não tinham relação com esta pesquisa. Assim, procurou-se manter o foco em pesquisas que apresentavam o diretor como objeto de estudo, ou seja, que investigavam esse profissional em relação a sua função e papel como agente social na escola, seu perfil, sua identidade profissional e atuação no cotidiano escolar.

Resultados e discussões

A tabela a seguir apresenta o total de trabalhos encontrados a partir dos procedimentos descritos:

Tabela 1 – Levantamento quantitativo de teses e dissertações (2001-2023)

BASE DE DADOS	TRABALHOS ENCONTRADOS		TOTAL DE TRABALHOS ENCONTRADOS	TRABALHOS SELECIONADOS		TOTAL DE TRABALHOS SELECIONADOS
	D	T		D	T	
BDTD	694	152	846	26	10	36
Capes	415	96	511	15-11*=4	7-4*=3	7
TOTAL	1.109	248	1.357	30	13	43

*Trabalhos repetidos em ambas as bases de dados.

Fonte: organizado pelas autoras, com base no banco de dados da pesquisa

Conforme consta na Tabela 1, foi encontrado na BDTD um total de 846 produções, sendo 694 dissertações e 152 teses, das quais foram selecionadas 26 dissertações e 10 teses para análise. No Catálogo Capes foram encontradas 511 produções, sendo 415 dissertações e 96 teses, das quais foram selecionadas 4 dissertações e 3 teses. Dentre os trabalhos selecionados, 15 deles se repetiram em ambas as bases de dados, sendo 11 dissertações e 4 teses. Dessa forma, somando as bases de dados e excluindo os trabalhos repetidos, foram selecionados 43 trabalhos, sendo 30 dissertações e 13 teses.[26]

Para a realização dos fichamentos, foi adotado um roteiro baseado nas orientações propostas por Lima e Mioto (2007, p. 42). No entanto, o instrumento utilizado na pesquisa apresentou adaptações em relação ao roteiro original das autoras. Conforme sugerido por elas, o roteiro deve ser flexibilizado e ajustado de acordo com as necessidades da pesquisa. Dessa forma, como o objetivo desse levantamento não era realizar uma análise aprofundada, mas obter dados gerais das pesquisas, optou-se por elaborar um roteiro simplificado.

Foram realizados os seguintes procedimentos para analisar as obras: leitura de reconhecimento do material bibliográfico e leitura exploratória (Lima; Mioto, 2007, p. 41). A leitura de reconhecimento ocorreu na fase da busca por títulos e a leitura exploratória na fase de manipulação dos textos completos dos trabalhos, pesquisando as informações do roteiro. Devido

---

[26] Os trabalhos selecionados estão relacionados nas Referências deste artigo.

ao grande número de trabalhos selecionados, optou-se pela análise dos resumos e, quando este não atendia às questões do roteiro, foi realizada a leitura de outros itens, como sumário, introdução e considerações finais.

Para análise do conteúdo das pesquisas, os trabalhos foram classificados por temas, conforme possibilidade indicada por Lima e Mioto (2007, p. 43). Segue abaixo uma tabela com os trabalhos agrupados por temas:

Tabela 2– Temas abordados pelos trabalhos selecionados

ORDEM	TEMA	QUANTIDADE
1	Atuação do diretor no cotidiano escolar	13
2	Identidade profissional do diretor	7
3	Perfil do diretor	6
4	Função e papel do diretor	6
5	Memórias	3
6	Questões de gênero	2
7	Provimento do cargo	2
8	Subjetividade do diretor	2
9	Mal-estar docente em gestores	1
10	Formação continuada	1
Total		43

Fonte: organizado pelas autoras, com base no banco de dados da pesquisa

A seguir, apresenta-se uma breve descrição das pesquisas selecionadas com o objetivo de analisar qualitativamente o material obtido no levantamento bibliográfico realizado.

O tema **atuação do diretor no cotidiano escolar** é o que engloba o maior número de trabalhos (13 estudos). Esses trabalhos têm como ponto em comum a análise da atuação do diretor no cotidiano escolar. A dissertação de Francisco (2006) teve como objetivo compreender a atuação do diretor de escola pública do estado de São Paulo e analisar as exigências administrativas impostas. O pressuposto da autora é que as tarefas administrativas dificultam o olhar do diretor para outros aspectos, especialmente para a dimensão pedagógica. A pesquisa foi desenvolvida por meio de aplicação de questionários e observações em três escolas, além de estudos de documentos e entrevista. Os resultados corroboraram a hipótese de que o diretor é demasiadamente exigido pelas tarefas administrativas. Segundo a autora, os dados confirmam a complexidade da atuação do diretor, no sentido de que as exigências administrativas tiram o foco da dimensão pedagógica da função.

A dissertação de Silva (2010) teve como objetivo identificar, compreender e descrever as ações dos diretores escolares, bem como responder o que motiva tais ações. A pesquisa da autora ocorreu com quatro diretoras de escolas estaduais de ensino fundamental da cidade de São Paulo. O referencial teórico da pesquisa foi a teoria de Max Weber e os conceitos de ação e prática de Gimeno Sacristán. A análise das ações dos diretores indicou que eles realizam sete tipos de ações: de assessoria pedagógica e profissional, de clima social, de coordenação, de controle, de distribuição de informações, de gestão e de representação. As ações dos diretores exercem um impacto direto na organização escolar, em sua estrutura social, física e administrativa, fonte de mudança ou manutenção das estruturas que compõem a cultura escolar.

Ribeiro (2012) investigou a rotina dos diretores em escolas que conseguem evolução no desempenho dos alunos ao longo do ano letivo. Além da análise da rotina, outro objetivo foi observar como o próprio diretor se vê diante do desafio de oferecer uma educação de qualidade. A autora entrevistou duas diretoras de escolas que obtiveram bons resultados na Provinha Brasil de 2009. A pesquisa indica o não atendimento das solicitações feitas à secretaria de Educação e os recursos financeiros como problemas significativos da escola. Ainda, reforça a importância da formação e da qualificação do diretor, de maneira que ele contribua para a construção de uma escola de qualidade, entendida aqui como aquela que apresenta um bom desempenho nas avaliações externas.

Terto (2012) também trabalhou com a ideia de intensificação do trabalho do diretor escolar a partir da adoção das políticas gerencialistas. O objetivo da pesquisa foi analisar o trabalho do diretor frente às mudanças na gestão escolar ao longo das duas últimas décadas, partindo do pressuposto que essas demandas geraram mais tarefas, com ênfase na dimensão administrativo-financeira em detrimento da dimensão político-pedagógica da função. A autora desenvolveu entrevistas semiestruturadas com diretores escolares, tendo como referencial teórico a Teoria Histórico-Crítica. A pesquisa concluiu que a intensificação do trabalho do diretor ocorreu no contexto do gerencialismo e que o aumento das exigências na gestão escolar não foi acompanhado pela melhoria nas condições de trabalho e carreira dos profissionais.

Cruz (2012) tomou como objeto de estudo o diretor escolar na complexidade do cotidiano para discutir seu processo de formação no ambiente de trabalho. A autora desenvolveu a pesquisa utilizando narrativas com diversos profissionais da equipe escolar e abordou o tema por meio de três histórias retiradas do cotidiano da escola. Segundo a pesquisadora, de cada história foi extraída uma lição para o exercício da gestão, que seriam os resultados da pesquisa. Conforme a autora, as lições são: i) ainda que seja procedente de uma visão tradicional de gestão, é responsabilidade do diretor gerir os conflitos relativos aos espaços e tempos na escola; ii) é imprescindível o contato constante com a comunidade para que a gestão democrática seja efetivada; iii) as políticas públicas que são expressas por meio de judicialização precisam ser revistas, para que as soluções não sejam personalizadas.

A tese de Mello (2014) analisou a atuação do diretor para discorrer sobre seu desenvolvimento profissional. Os objetivos da tese foram ampliar a compreensão sobre os diretores como categoria profissional, imergir no seu contexto de atuação e desvendar o rol de afazeres que caracteriza a prática da gestão. Foram entrevistadas seis diretoras de uma rede municipal do interior paulista. Segundo a autora, a pesquisa permitiu identificar que a gestão escolar é caracterizada por um corpo de conhecimentos que se constitui não apenas na formação inicial em Pedagogia, mas principalmente a partir do exercício da função. Para favorecer o desenvolvimento profissional dos diretores, destaca-se a importância das trocas com os pares e a necessidade de uma formação continuada baseada nas necessidades formativas dos profissionais.

A intensificação do trabalho do diretor foi o foco da dissertação de Braga (2016). O autor partiu do pressuposto que a implantação de políticas gerencialistas, como o Plano de Desenvolvimento da Educação 2007 (PDE), provocou o aumento das atribuições do diretor escolar. A pesquisa abrangeu o período de 2007 a 2013 e foi realizada em escolas participantes da Prova Brasil na rede municipal de Bom Jesus da Lapa/BA. Foram realizadas entrevistas com diversos atores da rede municipal, inclusive com membros do Conselho Municipal de Educação e sindicato. Segundo o autor, os dados coletados evidenciaram a consolidação gradual das políticas de educação dentro do modelo gerencialista, pautado pela reforma do Estado. De acordo com Braga (2016), é possível inferir que as mudanças na política educacional intensificaram o trabalho na escola, em especial o do diretor, que passou a sofrer pressão em relação ao desempenho dos alunos nas avaliações externas.

A dissertação de Bertochi (2016) abordou as percepções dos diretores da educação infantil sobre o cotidiano escolar. A pesquisa evidenciou o diretor escolar como um profissional sobrecarregado e demasiadamente responsabilizado. Os diretores destacaram que as atividades pedagógicas não são prioridade em seus cotidianos, visto que as tarefas burocráticas se sobrepõem. No caso dos diretores da educação infantil, esse problema apareceu com mais intensidade, pois a equipe gestora é reduzida em relação às equipes de escolas de ensino fundamental. Esse dado reforça a ideia de que a escola de educação infantil seria apenas um local de cuidado, sem caráter educativo. Quanto às formações feitas pelos diretores, não foram citadas como significativas, demonstrando a necessidade de que a formação continuada do gestor dialogue com as práticas do trabalho diário da gestão.

A tese de Rodrigues (2017) resgatou a trajetória profissional da pesquisadora como diretora de escola, tratando-se, portanto, de uma pesquisa autobiográfica. O objetivo da pesquisa foi compreender os sentidos atribuídos por educadores às cenas do cotidiano escolar registrado em fotografias. Rodrigues (2017) utilizou as narrativas dos funcionários da escola sobre as imagens, cotejando-as com a sua própria narrativa como gestora. Dentre os resultados obtidos, a autora apontou: i) o diretor é aquele que estimula o grupo a trabalhar por objetivos comuns; ii) a escola é lugar de formação para todos os profissionais que nela atuam; iii) organizar a escola coletivamente torna o trabalho do diretor mais produtivo e representativo; iv) os registros fotográficos podem ser usados como recursos narrativos e reflexivos do fazer pedagógico; v) narrar histórias profissionais possibilita adquirir consciência sobre o próprio trabalho, sendo uma forma de captar o sentido das escolhas e do lugar ocupado na escola.

Arruda (2017) pesquisou a atuação do diretor escolar a partir da abordagem multirreferencial do filósofo Jacques Ardoino. O objetivo da pesquisa foi propor a contribuição dessa abordagem para a atuação do diretor de escola. A autora utilizou como instrumentos o diário de campo, observação e entrevistas narrativas com diretores. Ela concluiu que existe o entendimento da importância das ações pedagógicas na atuação do diretor escolar; porém, na prática, isso não ocorre devido à demanda de trabalho burocrático e pelo fato de que esse profissional não consegue ter um olhar plural para o processo educacional, de maneira que haja reflexão sobre a atuação. Segundo a autora, é importante compreender que o olhar pedagógico vai além da realização de ações administrativas ou pedagógicas, devendo abranger todos os aspectos que envolvem a escola.

A tese de Sanches (2019) investigou como os diretores articulam seus conhecimentos para encaminhar as questões do dia a dia na escola. Nesse trabalho, discute-se sobre a contradição entre o administrativo e o pedagógico na atuação do diretor e também sobre as políticas educacionais gerencialistas no estado de São Paulo. A pesquisa foi desenvolvida por meio de entrevistas e observação em duas escolas da rede municipal de São Paulo. Segundo a autora, a formação mais significativa dos diretores se dá por meio de experiências pessoais e situações que eles vivenciam no cotidiano da escola. Os dados também permitiram inferir que as ações dos diretores estão ancorados menos em conhecimentos científicos e mais nas experiências anteriores como professores. Tais vivências anteriores se revelam determinantes para os posicionamentos e estratégias desenvolvidas pelos diretores para administrar a escola.

A tese de Santos (2022) analisou como se configura a atuação do diretor nas escolas públicas de ensino fundamental em Belém/PA, no período de 2013 a 2020. O referencial teórico-metodológico da pesquisa é ancorado no materialismo histórico-dialético. A pesquisa foi desenvolvida por meio de investigação bibliográfico-documental, questionários e entrevistas semiestruturadas. O foco foi analisar a atuação do diretor em relação à gestão democrática, a partir das percepções de sujeitos que exercem diferentes funções na escola. A autora aponta que a maioria dos entrevistados compreende a atuação do diretor como mais voltada para a decodificação das orientações da Secretaria de Educação, o que evidencia as dificuldades da concretização da gestão democrática na escola pública, principalmente a partir da adoção da Nova Gestão Pública como parâmetro de organização e administração da escola.

Lima (2022) investigou a constituição da profissionalidade de diretoras que estão nos seus três primeiros anos de atuação no cargo. O dispositivo de pesquisa foi a realização de entrevistas com cinco diretoras iniciantes da Secretaria Estadual de Educação de São Paulo. A autora concluiu que há inúmeras dificuldades que marcam o início da atuação das diretoras, principalmente as questões burocráticas e relações na escola. A superação das dificuldades por meio de aprendizagens que ocorrem no próprio ambiente escolar são determinantes para a permanência no cargo, assim como auxílio obtido por meio do relacionamento com os pares.

Quanto aos trabalhos com o tema **identidade profissional do diretor**, foram selecionadas sete pesquisas. A tese de Cunha (2009) investigou as situações significativas da história de vida que contribuíram para a constituição da identidade de duas diretoras de escola pública. A pesquisa analisou as escolhas profissionais das diretoras, seus motivos e as mudanças ocorridas ao longo da carreira. Segundo a autora, o percurso profissional das diretoras, da maneira como se entrelaçou às histórias de vida, demonstrou o estreito vínculo entre profissional e pessoal na carreira docente. Assim, os resultados da pesquisa evidenciaram que os projetos de vida devem ser considerados na tentativa de compreensão dos projetos de trabalho que embasam a ação dos educadores.

A tese de Oliveira (2016) desenvolveu um estudo da constituição da identidade do diretor escolar. O objetivo da pesquisa foi descrever compreensivamente, em uma dimensão hermenêutica, a experiência de duas gestoras de escola pública. A pesquisa privilegiou, segundo a autora, a experiência, a escuta e o diálogo para pensar o "ser-gestor-escolar". Os resultados da pesquisa mostraram que a constituição da identidade do gestor escolar não é um fenômeno linear. O diretor escolar se constitui no ir e vir do desempenho de diferentes funções, realizando tarefas administrativas, pedagógicas, financeiras, dentre outras. Essa identidade também é marcada pela atuação nos conflitos surgidos na gestão da escola e envolve aspectos como objetividade/subjetividade e impessoalidade/intersubjetividade, compondo um fenômeno de diversas faces.

A dissertação de Santos (2017) analisou como a trajetória pessoal dos gestores interfere nas práticas de gestão. A autora realizou entrevistas semiestruturadas e narrativas com diversos profissionais da escola e com diretoras de duas escolas da Região Metropolitana do Recife. A pesquisa concluiu que são as experiências acumuladas ao longo da vida profissional que determinam as ações e a identidade profissional do gestor escolar, fazendo com que ele adote uma postura mais ou menos democrática na condução da escola.

Marangoni (2017) abordou as representações sociais dos diretores em relação ao agir profissional. A pesquisa teve como objetivo investigar as representações sociais de um grupo de diretores sobre si mesmos, a gestão escolar e o próprio trabalho, além de analisar como essas representações são construídas. Segundo o autor, a coleta de dados possibilitou verificar tanto as ações que os sujeitos afirmaram realizar, como aquelas que eles expressaram o desejo de realizar. A pesquisa apontou que as representações dos diretores mostram um discurso politicamente correto, mas que, ao investigar também seus silenciamentos, foi possível detectar que eles não possuem uma representação social positiva em relação aos aspectos que compõem o agir profissional.

Ainda no tema "identidade do diretor", merecem ser destacadas as dissertações de Lima (2011) e Bayer (2015), por terem trabalhado com os mesmos conceitos, porém de forma divergente. A dissertação de Lima (2011) analisou os impactos da performatividade sobre a identidade dos diretores escolares da rede municipal de Contagem/MG. O pesquisador realizou entrevistas semiestruturadas com diversos atores da rede, com foco nas avaliações externas e em como a pressão por bons resultados influencia a identidade dos diretores. O autor adotou uma postura crítica em relação à performatividade. Os resultados da pesquisa indicaram que essas avaliações agem como força modeladora da escola, pressionando-a a assumir valores como competitividade e produtividade. Para Lima, os diretores apresentam uma tendência maior do que os professores a aceitar o cenário dominado pelo gerencialismo. Por fim, o autor defendeu que os diretores escolares precisam ampliar a reflexividade sobre seu trabalho, adotando uma postura de resistência às políticas neoliberais.

A dissertação de Bayer (2015) também enfocou a identidade profissional do gestor escolar tendo como contexto o gerencialismo. O estudo investigou a implementação do modelo de gestão gerencialista nas escolas públicas estaduais do estado de São Paulo. O objetivo principal da pesquisa foi investigar o descompasso entre a ordenação racional proposta pelo novo modelo gerencialista e o modo de pensar e agir dos diretores. A pesquisadora afirmou ter confirmado que a atual forma de organização escolar ainda é fundamentada por relações verticais, em que o diretor desempenha papel central. O estudo mostrou a existência de dilemas e tensões no ambiente escolar, que teriam ficado evidentes nos depoimentos dos entrevistados. Esse trabalho chamou a atenção pela aparente defesa do gerencialismo, pois a autora defendeu a necessidade de formação continuada do diretor para se obter melhores resultados na escola, num apelo a uma educação produtivista. Portanto, entende-se que a abordagem de Bayer se mostrou conservadora, enquanto a de Lima (2011) fez uma crítica contundente ao gerencialismo.

A tese de Bissoli (2022) teve como objetivo compreender o processo de constituição da identidade dos diretores de escola do município de Rio Claro/SP. Os procedimentos metodológicos da pesquisa foram análise documental, pesquisa bibliográfica e entrevistas semiestruturadas com diretores, inclusive aposentados. Os resultados do estudo demonstram que a configuração da identidade do diretor é um processo contínuo e não linear. As narrativas das diretoras revelam a necessidade de uma relação mais estreita com as instâncias superiores e uma formação continuada que inclua a organização de espaços para troca de ideias e reflexão sobre suas práticas.

As seis pesquisas selecionadas dentro do tema **perfil do diretor** revelam entendimentos diferentes em relação ao conceito de perfil, isto é, enquanto algumas buscam caracterizar um grupo de diretores por meio da identificação de dados dos sujeitos, outras buscam identificar requisitos necessários ao diretor escolar para o bom desempenho da função.

Souza (2006) pesquisou as relações entre o perfil dos diretores, os processos de gestão e as concepções sobre a gestão escolar no Brasil. O objetivo da tese foi construir um perfil dos gestores e da gestão escolar no país, cotejando as relações entre as concepções dos autores do campo e a realidade das escolas públicas de educação básica. O autor se embasou em pesquisa bibliográfica e na base de dados do Saeb 2003 (questionários da Prova Brasil). Os resultados apresentados foram: existe uma marca de gênero forte entre os diretores, com a ascensão mais rápida dos homens na carreira; há uma tendência de democratização da gestão escolar, apesar da ainda forte presença do patrimonialismo; a eleição de diretores é fator de democratização da política escolar; os diretores experientes tendem a ter mais disposição para o diálogo; ao conduzir a política escolar, o diretor procura articular as demandas da comunidade e as disposições do sistema de ensino, em um exercício de mediação de interesses divergentes.

A dissertação de Szabelski (2006) buscou analisar os requisitos que compõem o perfil do diretor na escola pública, segundo a percepção dos profissionais da educação. A pesquisa foi desenvolvida por meio da aplicação de questionários aos profissionais de diversos segmentos de oito escolas de uma rede municipal paranaense. Segundo a autora, a pesquisa permitiu o delineamento do perfil do diretor de escola pública, com base nos requisitos apontados pelos profissionais. Ela ressalta que a função de administrar a escola se tornou bastante complexa na atualidade, necessitando de profissionais com um perfil que envolva habilidades humanas, técnicas, pedagógicas e sociais. Nesse trabalho, a autora enfocou os requisitos para a composição do perfil do diretor por meio do conceito de competências, entendido como habilidades, conforme o conceito utilizado nos documentos oficiais.

De maneira semelhante, Campos (2010) abordou o perfil do diretor discutindo a construção social do conceito de "bom gestor", fundamentada na Teoria das Representações Sociais. O objetivo principal foi compreender a construção social de um grupo de diretores da rede municipal de ensino de Blumenau/SC sobre o que seria um bom gestor escolar. A pesquisa também procurou construir um perfil desse grupo de diretores e identificar as razões que os levaram a se candidatar para a gestão. A pesquisa utilizou a técnica da associação livre para levantar sentidos próprios sobre o "bom gestor". O grupo de diretores apontou como bom gestor aquele que assume e compartilha as responsabilidades, ações, objetivos e metas da escola, bem como aquele que é participativo, democrático e líder. Pelos termos utilizados, fica evidente que a gestão democrática foi o fundamento dessa pesquisa.

Assim como Souza (2006), a dissertação de Oliveira (2010) também analisou dados da Prova Brasil de 2003, porém em uma abordagem predominantemente quantitativa. A autora teve como objetivo compreender o perfil dos diretores e da gestão de escolas públicas e urbanas do Brasil e de que maneira o perfil do diretor e os modelos de gestão se relacionam com as características socioeconômicas dos alunos. Como resultados de pesquisa, Oliveira trouxe uma apresentação detalhada do perfil dos diretores e da gestão, com base nos dados levantados. A autora afirmou que não foi possível apurar relações entre o perfil dos diretores e da gestão com as características socioeconômicas dos estudantes, devido à heterogeneidade dos alunos atendidos pela escola pública.

Ancorando-se em uma abordagem qualiquantitativa, a dissertação de Soligo (2019) procurou construir o perfil da gestão e dos gestores das escolas estaduais de ensino fundamental da região da Associação dos

Municípios do Oeste do Paraná (Amop), a partir dos questionários da Prova Brasil de 2015. A pesquisa concluiu que o perfil dos diretores das escolas estudadas eram mulheres brancas com mais de 40 anos, com graduação em licenciaturas em instituições privadas há mais de 15 anos e que acessaram a função por meio de processo eletivo. A pesquisa destaca que os diretores apontaram como principais dificuldades: falta de recursos financeiros, falta de professores e funcionários e indisciplina dos alunos.

A dissertação de Souza (2022) teve como objetivo estudar a gestão escolar e o perfil do diretor de escola da rede municipal de ensino de São Paulo, numa perspectiva histórica. A pesquisadora utilizou pesquisa bibliográfica, realizou um estudo demográfico para a construção do perfil dos profissionais e aplicou um questionário junto aos diretores. A pesquisa possibilitou concluir que o Estado se organizou a partir dos modelos patrimonialista, burocrático e gerencial, que alicerçaram os seguintes modelos de gestão escolar pública: Tradicional, Democrático e Gerencial. A autora afirma que, diante dos diferentes modelos, o diretor de escola faz sua leitura da realidade e age criando uma interpretação do modelo prescrito (gestão democrática), ou seja, uma adaptação frente ao contexto. Assim, a escola é vista no estudo como espaço produtor de políticas e não apenas mera executora.

Quanto aos trabalhos sobre tema **Função e papel do diretor** foram selecionadas as dissertações de Lopes (2002), Arf (2007), Hojas (2011), Azevedo (2014), Bertochi (2021) e Marques (2023). Lopes (2002) partiu da pergunta sobre qual é a função do diretor de escola para a construção de relações democráticas no ambiente escolar. A autora discutiu a função e o papel do diretor de escola com base no ideal de gestão democrática, utilizando análise documental e entrevistas semiestruturadas com vários profissionais da educação de diferentes escolas de Cascavel/PR. A pesquisa constatou que alguns fatores dificultam o trabalho do diretor na construção de relações democráticas na escola, como a permanência da hierarquia enquanto base da organização do trabalho e das relações. Além disso, há ainda a manutenção histórica do papel do diretor como reprodutor das políticas educacionais e a dificuldade de entendimento do significado da gestão escolar para o desenvolvimento do ensino.

Arf (2007) discorreu sobre o papel do diretor a partir de uma análise de conteúdo do livro de Myrtes Alonso, *O papel do diretor na Administração Escolar*, de 1976. O objetivo da pesquisa foi identificar o papel atribuído ao diretor na década de 1970 a partir da análise do livro de Alonso, comparando ao papel que lhe é atribuído na atualidade. A autora explicitou que, do ponto de vista teórico, pode-se perceber algumas mudanças históricas no papel do diretor da década de 1970 para a atualidade, principalmente a adoção da ideia de líder e de gestor democrático. No entanto, a autora apontou que, mesmo que hoje se fale no diretor como líder democrático, continua recaindo sobre ele a responsabilidade pela articulação de todo o trabalho e da gestão escolar.

Hojas (2011) discutiu a função e a formação do diretor escolar a partir da análise de documentos, como provas e editais de concursos públicos para provimento do cargo de diretor de escola da rede estadual paulista, no período de 1979 a 2007, e entrevistas com diretores concursados para verificar a concepção que possuem sobre sua função. A autora concluiu que o movimento teórico da Administração Escolar, que caminhou no sentido da adoção de uma postura crítica, se refletiu nos editais e nas provas dos concursos. Porém, ela destacou que é difícil precisar se tal movimento rumo à crítica produziu reflexos nas concepções e práticas dos diretores, pois os profissionais pesquisados esboçaram discursos semelhantes, afirmando a especificidade da atividade administrativa realizada na escola em relação à administração empresarial.

Para tratar do tema papel do diretor, Azevedo (2014) abordou em sua dissertação a Teoria das Representações Sociais, fundamentada em Serge Moscovici. A autora teve como objetivo analisar as representações sociais que os diretores das escolas estaduais da Diretoria Regional de Ensino de Presidente Prudente têm sobre a escola pública e sobre seu papel. O trabalho envolveu 35 diretores de escolas estaduais e ela desenvolveu sua pesquisa por meio da aplicação de questionários. Azevedo (2014) afirma que por meio dos dados foi possível conhecer o perfil dos diretores, as dificuldades e identificar as representações sociais sobre o diretor, a escola pública, o aluno e o professor. Os resultados apontaram o diretor como profissional sobrecarregado e que não demonstra uma representação social positiva acerca dos aspectos que abrangem a escola pública.

A tese de Bertochi (2021) investigou a função do diretor escolar por meio da constituição da sua profissionalidade, frente à complexificação da escola e do crescente protagonismo da Nova Gestão Pública na gestão escolar. A pesquisa utilizou como dispositivos um questionário aplicado aos diretores no âmbito de uma formação oferecida pela rede municipal de ensino de Araraquara/SP, uma entrevista semiestruturada e uma entrevista aberta. A pesquisadora concluiu que os dados confirmaram a hipótese de que a profissionalidade dos diretores está sendo fortemente influenciada pelas mudanças trazidas pelo gerencialismo. Tais mudanças significam que o diretor está cada vez mais afastado da dimensão pedagógica da função, o que dificulta que esse profissional tenha uma atuação mais intelectualizada e crítica.

A dissertação de Marques (2023) teve como objetivo analisar a função do gestor escolar hoje na educação básica, considerando a sua historicidade. Os procedimentos utilizados foram pesquisa bibliográfica e de campo, por meio de entrevistas com seis diretoras. A pesquisa buscou compreender a percepção dos profissionais sobre a função do gestor escolar. O estudo concluiu que os diretores reconhecem a importância da gestão democrática, mas apresentam dificuldades para colocá-la em prática, principalmente por meio da distribuição de funções na escola. Tais dificuldades em implementar a gestão democrática sugerem que a formação continuada desse profissional deve enfocar o tema, contribuindo para a democratização das decisões na escola.

Dentro do tema **memórias** foram selecionadas três pesquisas que têm em comum a busca por apresentar as experiências vividas por diretores ao longo da carreira. A dissertação de Gonçalves (2009) apresentou um "inventário memoriográfico" das experiências de diretoras da rede estadual de Minas Gerais, no período de 1960 a 1980. O objetivo foi investigar a trajetória das diretoras, tendo como procedimento metodológico a realização de entrevistas narrativas com ex-diretoras aposentadas da rede estadual mineira, na região de Itajubá. A pesquisa procurou evocar o cotidiano das diretoras, suas dificuldades e percepções sobre a gestão escolar. As narrativas destacaram, como ponto comum, um modo burocrático de administrar a escola, proveniente da política educacional do período. Além disso, foi observada ênfase nas tarefas administrativas, compromisso com a aprendizagem, obediência à legislação e orgulho em relação à disciplina, organização das escolas e cuidado com as crianças.

A dissertação de Jardim (2020) investigou práticas de gestão escolar a partir das memórias da trajetória profissional de diretoras de escolas de anos iniciais de Bento Gonçalves/RS na década de 1960. A pesquisadora utilizou análise documental e entrevista compreensiva com três ex-diretoras (aposentadas). De acordo com a autora, por meio do estudo foi possível compreender os processos formativos das entrevistadas, incluindo a relação destes com os saberes da experiência, construídos por meio das dificuldades e questionamentos surgidos das suas práticas. Outro resultado alcançado seria a compreensão das representações que as diretoras esboçaram a respeito das práticas de administração escolar e do papel do diretor no recorte histórico pesquisado.

Silva (2022) enfoca em sua dissertação as memórias de ex-diretoras para investigar suas ações na gestão de escolas em Paranaíba/MS no período de 1970 a 1990. A abordagem metodológica utilizada foi História Oral, por meio da qual a pesquisadora entrevistou cinco diretoras aposentadas, procurando captar relatos da profissão e também de vida. A autora apontou como objetivos investigar os cenários estadual e municipal no período e desvelar as ações pedagógica, administrativa e política que permearam a função das gestoras escolares. Como resultado, a pesquisadora afirma que as memórias das entrevistadas contribuíram para a compreensão das situações vividas, proporcionando visibilidade a elas e oportunidade de serem reconhecidas pelo trabalho realizado. É importante acrescentar que esta pesquisa apresenta um viés de estudo de gênero, pois enfoca o empoderamento das mulheres diretoras no contexto da ditadura militar.

Os dois estudos que tratam especificamente de **questões de gênero na gestão escolar** são a dissertação de Frazão (2009) e a tese de Monteiro (2019). Seguindo uma vertente política, a dissertação de Frazão (2009) investigou o cotidiano das mulheres diretoras em uma localidade próxima de São Luís/MA (Paço do Lumiar) para discutir o empoderamento feminino no contexto da gestão escolar. A autora chegou à conclusão de que as diretoras exercem o empoderamento político em outras instâncias coletivas além da escola, como associações de bairro, e possuem consciência do poder que detêm. A autora defende que a gestão escolar é um espaço de atuação que possibilita a ampliação do poder feminino na sociedade, colocando a mulher em ação em um território tradicionalmente masculino.

Já a tese de Monteiro (2019) fez uma análise da influência do gênero na gestão escolar na educação infantil. O objetivo do trabalho foi analisar como o gênero influencia as trajetórias de diretores e diretoras da educação infantil que ingressaram no cargo por concurso público na rede municipal de Campinas/SP. A autora concluiu que existe uma hierarquia de gênero na carreira docente, com um percentual maior de homens nos cargos de supervisão e direção. A pesquisa mostrou que a maior parte dos entrevistados não foi professor da educação infantil, ingressando na área diretamente no cargo de direção e que existem diferenças entre as trajetórias de homens e mulheres no que se refere à idade de ingresso no mercado de trabalho, conciliação entre trabalho remunerado e não remunerado, assim como incentivos recebidos para ascensão na carreira.

A tese de Fraiz (2013) abordou o tipo de **provimento do cargo** de diretor como condicionante do imaginário de poder e autoridade na escola. O objetivo da pesquisa foi identificar e compreender elementos do imaginário de poder e autoridade de diretores concursados e eleitos e a influência desses imaginários na relação com a equipe escolar, com a comunidade e órgãos gestores. A autora trabalhou com análise documental, entrevistas e grupos focais, fazendo um comparativo do cargo nos estados de São Paulo e Minas Gerais. Ela concluiu que os documentos do estado de Minas Gerais revelam um imaginário mais democrático que os de São Paulo. Ainda, os gestores expressaram que conhecimento técnico, tempo de atuação, experiência anterior, exercício da liderança e forma de acesso ao cargo são fontes de autoridade e poder.

A dissertação de Silveira (2016) ouviu diretores escolares que foram indicados ao cargo para refletir sobre a atuação deles, considerando tal forma de provimento. A autora teve como objetivo analisar as percepções de quatro diretores sobre seus cargos, a fim de compreender possíveis relações destas com a forma de provimento por indicação. Como conclusão, Silveira (2016) afirmou que os diretores entrevistados demonstraram ter uma concepção essencialmente técnica da função, o que indicaria um estreito alinhamento com as orientações da Secretaria Municipal de Educação, corroborando a ideia de que o provimento do cargo por indicação política exerce influência sobre as percepções dos gestores em relação às suas atuações e ao próprio cargo.

Costa (2011) investigou a **subjetividade do diretor** por meio de uma análise psicológica, especificamente pela psicanálise, com amparo na obra de Sigmund Freud. O objetivo da pesquisa foi estudar a subjetividade à luz da psicanálise para compreensão da constituição do gestor escolar a partir da trajetória educacional e atuação profissional, como também para reconhecer a dimensão inconsciente que permeia as relações da equipe escolar. A autora destacou como resultado a observação de elementos relevantes na constituição do gestor e no relacionamento entre os membros da equipe, como o efeito de rememorar, a singularidade da gestão permeada por desejos e saberes, os laços de identificação entrelaçados a atos colaborativos e às complexas relações intersubjetivas desenvolvidas na escola.

Seguindo um percurso diverso, a dissertação de Almeida (2016) tratou da subjetividade do diretor em sua relação com o processo de democratização da escola pública. O problema da pesquisa foi investigar como o diretor se posiciona diante do processo de democratização. A autora analisou os discursos dos diretores acerca da gestão da escola e da educação no Brasil. A pesquisa demonstrou que, em geral, os discursos sobre a gestão democrática a definem como o modelo de gestão em que o diretor permite a entrada da família dos alunos na escola, para que possam participar emitindo opiniões. A autora apontou que o acesso da família à escola se limita a assuntos pontuais, sendo que a maioria das decisões continua centralizada no diretor. A autora concluiu que o discurso da gestão democrática pelo livre acesso dos pais à escola mantém ocultos mecanismos que reforçam o autoritarismo do diretor e afasta a escola de um real processo de democratização.

A dissertação de Mazon (2012) abordou o tema **mal-estar docente em gestores**, assunto de efetivo interesse para a pesquisa no âmbito da gestão escolar. O objetivo principal foi identificar as ocorrências de licenças para tratamento de saúde em gestores escolares e analisar quais fatores estressores podem estar relacionados ao mal-estar docente nesses profissionais. O estudo confirmou avanços de problemas de saúde generalizados, crescimento pela procura por procedimentos de saúde, principalmente no segundo semestre letivo do ano pesquisado, assim como o aumento do número de atestados em episódios breves de adoecimento.

Dentre os trabalhos mais recentes selecionados no levantamento, a saber, os publicados após 2020, um tema recorrente foi o da **formação continuada** de diretores. Nesse sentido, a pesquisa de Caputi (2022) apresenta-se como exemplo interessante. Na dissertação, a autora trata de três questões geradoras: os diretores percebem relação entre a proposta formativa e a realidade escolar? As ações de formação continuada contribuem para formação de sua identidade profissional? Afinal, o que os diretores precisam saber? A partir de entrevistas semiestruturadas, a autora constatou que os diretores não percebem relação entre as ações formativas que receberam e a realidade escolar e que elas não contribuem para a formação da identidade do diretor. Assim, a pesquisa de Caputi corrobora a afirmação da importância da experiência e do cotidiano escolar como ambiente em que se desenvolve a formação continuada ideal para todos os profissionais da educação.

Considerações finais

O levantamento bibliográfico realizado revelou a prevalência de pesquisas que se concentram na atuação cotidiana dos diretores escolares, destacando os desafios de articular diferentes aspectos da função, como o pedagógico e o administrativo, além do aumento da carga de trabalho dos diretores devido à implementação de políticas educacionais neoliberais. Tais políticas resultaram na adoção de um modelo de gestão escolar gerencialista como padrão.

Também foi observado que as pesquisas sobre o perfil dos diretores variam consideravelmente de acordo com os objetivos. Algumas são semelhantes à proposta da pesquisa de mestrado que deu origem a esse levantamento, cujo objetivo foi construir um perfil dos diretores com dados censitários e suas percepções. Outras pesquisas têm o propósito de definir um perfil ideal de diretor, a partir da identificação de características esperadas para um bom gestor.

No contexto das pesquisas sobre a identidade dos diretores, tornou-se evidente a relevância de investigar a essência do papel desempenhado por eles, explorando suas experiências e trajetórias de vida, os modos de constituição da identidade profissional e também dificuldades que influenciam nesse processo.

Como instrumento para embasar uma pesquisa mais ampla, esse levantamento possibilitou identificar como o tema tem sido abordado na academia, o que permitiu fundamentar melhor a pesquisa e visualizar caminhos. O levantamento tornou visíveis as divergências e convergências entre os estudos encontrados e a pesquisa de mestrado, apontando possibilidades e lacunas sobre o objeto de estudo. Assim, ficou visível a importância da investigação em territórios pouco explorados até o momento na academia, como a pesquisa de perfil dos profissionais de um sistema de ensino.

Por fim, defende-se a importância de conhecer o ser diretor escolar por meio de uma abordagem que considere e valorize a individualidade e as práticas cotidianas, considerando a relevância desse profissional que, ao atuar como articulador da proposta pedagógica, pode direcionar seu trabalho na escola pública tanto para a consecução de uma educação emancipatória quanto para a perpetuação de uma educação reprodutivista.

Referências

ALMEIDA, Nathália Suppino Ribeiro de. **O diretor de escola e a produção de subjetividade:** desafios da democratização da escola pública. 2016. Dissertação (Mestrado em Educação) – Universidade Federal de São Carlos, São Carlos, 2016.

ARF, Fabiana Aparecida. **O papel do diretor na administração escolar:** ontem e hoje. 2007. Dissertação (Mestrado em Educação) – Universidade Estadual Paulista "Júlio de Mesquita Filho". Marília, 2007.

ARRUDA, Maritza Waleska. **Atuação do diretor escolar na perspectiva multirreferencial.** 2017. Dissertação (Mestrado em Educação) – Universidade do Estado do Rio Grande do Norte, Mossoró, 2017.

AZEVEDO, Patrícia Cralcev. **As representações sociais dos diretores das escolas estaduais da Diretoria de Ensino de Presidente Prudente-SP sobre seu papel e sobre a escola pública.** 2014. Dissertação (Mestrado em Educação) – Universidade Estadual Paulista "Júlio de Mesquita Filho", Presidente Prudente, 2014.

BAYER, Liane de Oliveira. **Educador e gestor ou educador vs gestor? Os dilemas e tensões de uma gestão escolar gerencialista.** 2015. Dissertação. (Mestrado em Ciências Humanas e Sociais) – Universidade Federal do ABC, Santo André, 2015.

BERTOCHI, Patrícia Ribeiro Tempesta. **A profissionalidade dos(as) diretores(as) escolares em tempos de nova gestão pública.** 2021. Tese (Doutorado em Educação) – Universidade Federal de São Carlos, São Carlos, 2021.

BERTOCHI, Patrícia Ribeiro Tempesta. **O trabalho cotidiano da gestão escolar:** percepções dos diretores da educação infantil da rede municipal de Araraquara. 2016. Dissertação (Mestrado em Educação) – Universidade Federal de São Carlos, São Carlos, 2016

BISSOLI, Lígia Maria Sciarra. **Construções identitárias de diretores de escola da Rede Municipal de Ensino de Rio Claro.** 2022. Tese (Doutorado em Educação) – Universidade Estadual Paulista/Instituto de Biociências, Rio Claro, 2022.

BRAGA, Luíz Ricardo Pereira de Almeida. **A intensificação do trabalho do diretor escolar.** 2016. Dissertação (Mestrado em Educação) – Universidade de Brasília, Brasília, 2016.

CAMPOS, Marli. **A construção social do conceito de "bom" gestor.** 2010. Dissertação (Mestrado em Educação) – Universidade Regional de Blumenau, Blumenau, 2010.

CAPUTI, Débora Rosângela Philomeno. **Formação continuada de diretores de escola:** afinal, o que os diretores precisam saber? 2022. Dissertação (Mestrado em Educação) – Pontifícia Universidade Católica de São Paulo, São Paulo, 2022.

COSTA, Sônia Gláucia. **Subjetividade e complexidade na gestão escolar:** um estudo de caso com participantes da Escola de Gestores 2010. 2011. Dissertação (Mestrado em Educação) – Universidade de Brasília, Brasília, 2011.

CRUZ, Rúbia Cristina. **A gestora escolar entre a prática e a gramática.** 2012. Tese (Doutorado em Educação) – Universidade Estadual de Campinas, Campinas, 2012.

CUNHA, Delcimar de Oliveira. **Projeto de vida e constituição da identidade**: um estudo com diretores de escola pública. 2009. Tese (Doutorado em Educação) – Pontifícia Universidade Católica de São Paulo, São Paulo, 2009.

FRAIZ, Rosana Cristina Carvalho. **O imaginário de poder e autoridade e a gestão escolar.** 2013. Tese (Doutorado em Educação) – Universidade Estadual Paulista "Júlio de Mesquita Filho", Araraquara, 2013.

FRANCISCO, Iraci José. **A atuação do diretor de escola pública:** determinações administrativas e pedagógicas do cotidiano escolar. 2006. Dissertação (Mestrado em Educação) – Pontifícia Universidade Católica de São Paulo, São Paulo, 2006.

FRAZÃO, Maria das Dores Cardoso. **Em cena:** empoderamento de mulheres diretoras. 2009. Dissertação (Mestrado em Educação) – Universidade Federal do Maranhão, São Luís, 2009.

GONÇALVES, Celina Claret de Sousa. **Inventário memoriográfico das experiências de diretoras da rede estadual de ensino público circunscrita à Superintendência Regional de Ensino de Itajubá – Minas Gerais – 1960-1980.** 2009. Dissertação (Mestrado em Educação) – Pontifícia Universidade Católica de São Paulo, São Paulo, 2009.

HOJAS, Viviani Fernanda. **Formação e função do diretor de escola:** análise a partir dos concursos públicos realizados na rede estadual de ensino de São Paulo (1979-2007). 2011. Dissertação (Mestrado em Educação) – Universidade Estadual Paulista "Júlio de Mesquita Filho", Marília, 2011.

JARDIM, Rosângela de Souza. **Constituindo-se diretora:** entre histórias, memórias e representações em escolas de Bento Gonçalves/RS na década de 1960. 2020. Dissertação (Mestrado em Educação) – Universidade de Caxias do Sul, Caxias do Sul, 2020.

LIMA, Carla Valéria Farias. **"Aprendendo a ser diretora de escola sendo":** um olhar para as aprendizagens de diretoras iniciantes. 2022. Dissertação (Mestrado em Educação) – Universidade Federal de São Carlos, São Carlos, 2022.

LIMA, Marcos Welington de. **As exigências de performatividade e seus impactos na identidade dos diretores escolares:** município de Contagem/MG. 2011. Dissertação (Mestrado em Educação) – Universidade Federal de Minas Gerais, Belo Horizonte, 2011.

LIMA, Telma Cristiane Sasso de; MIOTO, Regina Célia Tamaso. Procedimentos metodológicos na construção do conhecimento científico: a pesquisa bibliográfica. **Revista Katálysis**, Florianópolis, v. 10, n. esp., p. 37-45, 2007.

LOPES, Natalina Francisca Mezzari. **A função do diretor do ensino fundamental e médio:** uma visão história e atual. 2002. Dissertação (Mestrado em Educação) – Universidade Estadual de Campinas, Campinas, 2002

MARANGONI, Ricardo Alexandre. **O nome e seus desafios:** representações sociais do diretor/gestor escolar acerca do seu agir profissional. 2017. Tese (Doutorado em Educação) – Universidade Metodista de São Paulo, São Paulo, 2017.

MARQUES, João Daniel Muniz. **A função do diretor escolar:** percepções de diretores em escolas de Lages/SC. 2023. Dissertação (Mestrado em Educação) – Universidade do Planalto Catarinense, Lages, 2023.

MAZON, Cátia Cristina Xavier. **O mal-estar docente em gestores escolares.** 2012. Dissertação (Mestrado em Psicologia do Desenvolvimento e Aprendizagem) – Universidade Estadual Paulista "Júlio de Mesquita Filho", Bauru, 2012.

MELLO, Marcia Maria de. **Diretores de escola: o que fazem e como aprendem.** 2014. Tese (Doutorado em Educação) – Universidade Federal de São Carlos, São Carlos, 2014.

MONTEIRO, Mariana Kubilius. **Gênero e gestão da educação infantil:** trajetórias e experiências de homens e mulheres que trabalham como diretores(as) educacionais. 2019. Tese (Doutorado em Educação) – Universidade Estadual de Campinas, Campinas, 2019.

OLIVEIRA, Alexsandra dos Santos. **Experiência, escuta e diálogo:** uma descrição compreensiva-hermenêutica na constituição do ser-gestor-escolar. 2016. Tese (Doutorado em Educação) – Universidade Federal do Espírito Santo, Vitória, 2016.

OLIVEIRA, Hebe Brito de. **O perfil dos diretores e da gestão de escolas públicas urbanas das capitais brasileiras:** um estudo a partir do SAEB 2003. 2010. Dissertação (Mestrado em Educação) – Universidade do Estado do Rio de Janeiro, Duque de Caxias, 2010.

RIBEIRO, Helena Cardoso. **Diretor de escola:** novos desafios, novas funções. 2012. Dissertação (Mestrado em Educação) – Universidade Federal de Juiz de Fora, Juiz de Fora, 2012.

RODRIGUES, Andréa De Andrade Marangoni. **Entre rastros, lembranças e palavras:** a constituição profissional e pessoal da gestora, no cotidiano escolar. 2017. Tese (Doutorado em Educação) – Universidade Estadual de Campinas, Campinas, 2017.

SANCHES, Sandra Maria. **Percursos:** práticas dos diretores de escola da rede municipal de São Paulo. Tese (Doutorado em Educação) – Pontifícia Universidade Católica de São Paulo, São Paulo, 2019.

SANTOS, Bianca Bezerra dos. **Trajetória de vida e práticas de gestão escolar.** 2017. Dissertação (Mestrado em Educação) – Universidade Federal de Pernambuco, Recife, 2017.

SANTOS, Carmem Lúcia. **O diretor escolar na gestão das escolas públicas de ensino fundamental no Município de Belém-PA.** 2022. Tese (Doutorado em Educação) – Universidade Federal do Pará, Belém, 2022.

SILVA, Adriana Ribeiro de Brito e. **Diretoras escolares:** memórias e vestígios das ações administrativa e pedagógica em Paranaíba, MS (1970-1990). 2022. Dissertação (Mestrado em Educação) – Universidade Estadual do Mato Grosso do Sul, Paranaíba, 2022.

SILVA, Tathyana Gouvêa da. **Diretor em ação:** entre a burocracia e o cotidiano da escola. 2010. Dissertação (Mestrado em Educação) – Pontifícia Universidade Católica de São Paulo, São Paulo, 2010.

SILVEIRA, Caroline Rodrigues. **Possíveis relações entre formas de provimento do cargo e percepções de diretores escolares sobre o exercício de suas funções.** 2016. Dissertação (Mestrado em Educação) – Universidade Federal de São Carlos, São Carlos, 2016.

SOLIGO, Marinez Gasparin. **Perfil da gestão e dos gestores nas escolas estaduais da região da AMOP:** uma análise dos questionários contextuais da Prova Brasil. 2019. Dissertação (Mestrado em Educação) – Universidade Estadual do Oeste do Paraná, Cascavel, 2019.

SOUZA, Angelo Ricardo de. **Perfil da Gestão Escolar no Brasil.** 2006. Tese (Doutorado em Educação) – Pontifícia Universidade Católica de São Paulo, São Paulo, 2006.

SOUZA, Maria Isabel Vieira de. **"Gestão escolar e o perfil do diretor de escola na rede municipal de ensino de São Paulo" – uma contribuição aos estudos sobre Teoria da Gestão Escolar.** 2022. Dissertação (Mestrado em Educação) – Pontifícia Universidade Católica de São Paulo, São Paulo, 2022.

SZABELSKI, Edilene Moro. **Políticas educacionais e a gestão escolar:** os requisitos que compõem o perfil do diretor no contexto da escola pública. 2006. Dissertação (Mestrado em Educação) – Pontifícia Universidade Católica do Paraná, Curitiba, 2006.

TERTO, Daniela Cunha. **O trabalho do gestor escolar:** intensificação e implicações administrativas e pedagógicas na gestão da escola. 2012. Dissertação (Mestrado em Educação) – Universidade Federal do Rio Grande do Norte, Natal, 2012.

SOBRE OS AUTORES

Amarilis Costa da Silva
Mestra em Educação pelo Programa de Pós-Graduação em Educação da Universidade Estadual Paulista (FCT-Unesp) na Linha de Pesquisa "Formação dos Profissionais da Educação, Políticas Educativas e Escola Pública", câmpus de Presidente Prudente. Professora de história da rede pública estadual paulista desde 2010, atuando também na rede privada de ensino.
Orcid: 0000-0003-3766-0339

Augusta Boa Sorte Oliveira Klébis
Doutora e mestre em Educação pela Universidade Estadual Paulista (Unesp). Graduada em Pedagogia pela Universidade Brás Cubas. Atuou na docência, coordenação pedagógica e direção em escola de educação básica da rede estadual de São Paulo. Na rede municipal de Presidente Prudente/SP, atuou como docente e como diretora de Departamento da Secretaria Municipal. Foi professora substituta no curso de Pedagogia da Unesp. Também atuou como docente na Faculdade de Ciências, Letras e Educação (Unoeste) e como coordenadora do curso de Pedagogia. Atualmente, é membro do Grupo de Pesquisa Formação de Professores, Políticas Públicas e Espaço Escolar (Gpfope).
Orcid: 0000-0002-8282-1712

Joane Vilela Pinto
Doutora em Educação pela Universidade Estadual Paulista Júlio de Mesquita Filho (Unesp). Mestre em Ensino e graduada em Letras pela Universidade Estadual do Oeste do Paraná. Especialista em Master em Liderança e Gestão Pública pelo Centro de Liderança Pública e Harvard Kennedy School. Especialista em Educação Especial, em Alfabetização, Educação Infantil e Séries Iniciais, em Administração e Supervisão Escolar. Foi coordenadora de equipe pedagógica, diretora do departamento de ensino fundamental e secretária municipal de Educação de Foz do Iguaçu. Foi diretora de orientação técnica, secretária adjunta de Educação e secretária de Educação substituta da cidade de São Paulo.
Orcid: 0000-0002-0227-4887

Leny Rodrigues Martins Teixeira

Pós-doutorada pela Université Paris Descartes, Paris V, França (Bolsista CNPq). Doutora e mestra em Psicologia Escolar e do Desenvolvimento Humano pela Universidade de São Paulo. Graduada em Pedagogia pela Unesp. Professora aposentada da Unesp e colaboradora no Programa de Pós-Graduação da Unesp, câmpus Presidente Prudente. Tem experiência na área de psicologia escolar e formação de professores, orientando trabalhos sobre ensino e aprendizagem de conceitos e formação de professores. É membro do Grupo de Pesquisa Ensino e Aprendizagem como Objeto da Formação de Professores (Gpea) e do Grupo de Pesquisa Formação de Professores, Políticas Públicas e Espaço Escolar (Gpfope).
Orcid: 0000-0003-4984-8187

Márcia Regina Borges

Mestra em Educação pela Universidade Estadual Paulista Júlio de Mesquita Filho – Unesp/Presidente Prudente/SP (2024). Graduada em Pedagogia pela mesma instituição (2001). Diretora de escola na prefeitura municipal de Presidente Prudente. Especialista em Avaliação do Ensino e da Aprendizagem (Universidade do Oeste Paulista – 2006). Especialista em Gestão Escolar (Universidade Federal de São Carlos – 2016). Membro do Fórum Municipal de Educação de Presidente Prudente (2017 a 2023). Membro do Grupo de Pesquisa de Formação de Professores, Políticas Públicas e Espaço Escolar da FCT/Unesp de Presidente Prudente.
Orcid: 0000-0002-1921-3853

Marta Campos de Quadros

Doutora em Educação pela Universidade Federal do Rio Grande do Sul. Mestre em Educação pela Universidade Luterana do Brasil. Graduada em Comunicação Social – Jornalismo (PUCRS), Comunicação Social – Relações Públicas (Ulbra) e Pedagogia pelo Centro Universitário de Jales/SP. Realizou estágios de pós-doutorado (Capes) junto aos Programas de Pós-Graduação em Educação da UFRGS e FCT-Unesp. Professora aposentada com experiência nas áreas de Comunicação Social e Educação. Membro do Grupo de Pesquisas Formação de Professores Políticas Públicas e Espaço Escolar (Gpfope/FCT-Unesp), do Núcleo de Estudos Currículo,

Cultura e Sociedade (Neccso/UFRGS) e do Grupo de Pesquisa Geografia e Juventudes (GeoJuves/FCT-Unesp).
Orcid: 0000-0001-5288-1485

Mauricio Cesar Airolde
Mestre em educação (2022) pela Universidade Estadual Paulista Júlio de Mesquita Filho Unesp – câmpus de Presidente Prudente SP. Atualmente é diretor de escola na rede municipal de educação de Presidente Prudente SP. É membro do Gpfope (Grupo de Pesquisa de Formação de Professores, Políticas Públicas e Espaço Escolar), vinculado à Unesp/Presidente Prudente.
Orcid: 0000-0003-0996-431

Simone Conceição Pereira Deák
Doutora e mestre em Educação pela Universidade Estadual Paulista Júlio de Mesquita Filho, Faculdade de Ciências e Tecnologia (FCT/Unesp), câmpus Presidente Prudente, na linha de pesquisa Formação dos Profissionais da Educação, Políticas Educativas e Escola Pública. Possui especialização em Planejamento e Gestão Municipal. Graduada em Geografia pela Unesp, câmpus de Presidente Prudente, e em Pedagogia pela Universidade do Oeste Paulista (Unoeste). Coordenadora Pedagógica aposentada da Secretaria Municipal de Educação de Presidente Prudente. Foi professora na Faculdade de Presidente Prudente (Fapepe) de 2004 a 2021. Membro do Grupo de Pesquisa Formação de Professores, Políticas Públicas e Espaço Escolar (Gpfope).
Orcid: 0000-0003-2323-3299

Tamara de Lima
Doutora em Educação pela Universidade Estadual Paulista Júlio de Mesquita Filho, câmpus Presidente Prudente. Cursou mestrado em História na mesma instituição, câmpus Franca, onde também se graduou em História (licenciatura e bacharelado). Possui graduação em Pedagogia pela Universidade Nove de Julho (Uninove/Bauru). Atualmente, é professora do ensino básico, técnico e tecnológico (EBTT) no Instituto Federal de

Educação, Ciência e Tecnologia de São Paulo (IFSP), câmpus Presidente Epitácio.
Orcid: 0000-0001-9839-3217

Yoshie Ussami Ferrari Leite
Doutora em Educação pela Universidade Estadual de Campinas, mestre em Educação pela Universidade Federal de Santa Maria e graduada em Pedagogia pela Universidade Estadual Paulista (Unesp). Professora aposentada da Unesp, colaboradora no Programa de Pós-Graduação em Educação da Faculdade de Ciências e Tecnologia (FCT/Unesp). Livre-docente pela Unesp, com estágio de pós-doutoramento em Educação na Universidade de São Paulo. Pesquisa sobre formação de professores, políticas educacionais e escola pública. Líder do Grupo de Pesquisa Formação de Professores, Políticas Públicas e Espaço Escolar. Foi coordenadora do Programa de Pós-Graduação em Educação e coordenadora do Fórum Municipal de Educação de Presidente Prudente.
Orcid: 0000-0003-4410-1236